感情の整理ができる女《ひと》は、うまくいく

有川真由美
Mayumi Arikawa

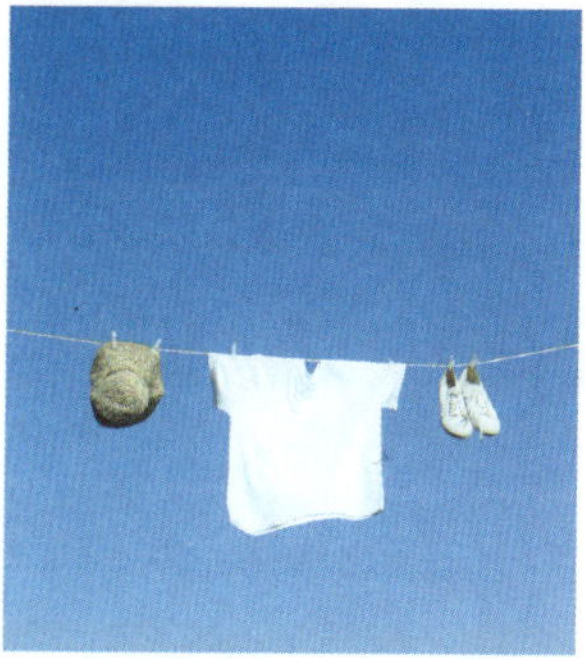

PHP文庫

「笑顔で、ごきげんに生きていきたい」
そう思うなら、
感情を整理することが、とっても大切。

なぜなら、
世界は自分だけのために回っているわけじゃない。
毎日の生活には、いいことだけでなく、
そうでないことも容赦《ようしゃ》なくやってくるんだから。

ちいさなことで、心がぐちゃぐちゃ。
〝あの人〟のひと言に、心がざわざわ。
ちょっとしたミスに、心がくよくよ。
言いたいことが言えなくて、心がもやもや……。

心のなかの感情は、洋服や本を整理するように、
要らないものをバッサリ捨てて、
サクサク仕分けして……というわけにはいかない。
頭ではわかっていても、ついあれこれ考えて、堂々巡り。
それを吹っ切りたくて、イヤ～な感情を、
言ってはいけない相手にぶつけて、
取り返しのつかないことになってしまうことも……。

でもね、よく考えてみて。
そんな一見、マイナスの感情は、
私たちの身を守ってくれるために生まれている。

傷ついたとき、傷つきそうになるとき、
私たちの心のなかに不快な感情、苦しい感情が発動する。

マイナスの感情は、心の傷や、
自分の本音を教えてくれる感情。

それがとてつもないパワーになることだってある。

喜びや楽しさなどプラスの感情と同じくらい、
一見、マイナスに思える感情も
また大切なものとして寄り添えたら、
そこからが「感情の整理」の始まり。

「わかるよ。結構しんどいよね」

「でも、大丈夫。そんなに怖がらなくてもいいよ」……。

心に、そんなやさしいメッセージを送っていると、ぐちゃぐちゃになっていた心のなかが、だんだん整理されてくるはず。

1E60

感情の整理の方法は、その人、そのときどきによっていろいろ。

「悩んでいたけど、人に話すだけで、すっきりした」

ってこと、あるでしょう?

「笑い転げたら、悩んでいたことがどうでもよくなった」

ということも。

「マイペースに生きてるから、怒りも不安もあまり感じない」

という人もいる。

自分なりの感情を整理する方法を見つけたら、
幸せに一歩近づいたということ。

そして、その方法は、
生きていくための一生の〝宝物〟になる。

感情の整理をして、
〝いま〟を生きることを楽しみましょう。
目の前にある喜びを味わいつくしましょう。
顔をあげて、ごきげんに歩いていきましょう。

そう。私たちは、
幸せを手に入れるのではなく、
幸せになれる心を、手に入れるのです。

はじめに

あなたは、自分の感情に手を焼くことはありませんか？

自分の感情をどうすることもできず、引きずられてしまうことはありませんか？


「イライラして、なにも手につかない」

「腹が立って、相手の意見に従えない」

「やる気が出てこなくて、がんばれない」

「焦《あせ》ってしまって、冷静な行動ができない」……。


頭では、わかっているけど、どうしても感情に引っ張られてしまう……。

わかります。なぜなら、感情は真っ正直。私たちをコントロールする、とてつもなく強力なパワーをもっているのですから。

感情をただ変えたいと思っていても、なかなか変えられないものですが、感情的になっているときは、そのことさえすっかり忘れて、ただ、感情に振り回されてしまうことだってあります。いったん、ネガティブな感情の沼に落っこちてしまうと、なかなか抜け出せない状況に陥《おちい》ることもしばしばです。本当にどうしたものか……。

人生がうまくいくか、いかないかは、感情次第といっても過言ではないでしょう。

人生は、私たちにどんなことが起きるかで決まるのではなく、起きたことをどんなふうに受け止めていくかで決まるのです。

自分らしく生きようと感情のままに振る舞えば、周りや現実との摩擦が生じます。周りや現実に調和していこうとすれば、自分の感情をどうにかしなければいけない。

人生をうまく進めていく人の共通点は、こうした自分の感情と現実との折り合いをつけるのが、うまいこと。

感情を整理しながら、現実に対しては、「こんなこともある」「あんな人もいる」というように、あっけらかんと向き合っているのです。

ネガティブな感情が深刻にならないように、食い止める術《すべ》を知っているので、感情に流されることはなく、自分の目指す方向に、駒《こま》を進めることが可能です。

反対に、人生がなかなか思うようにいかない人の共通点は、自分の感情をもて余して、現実との折り合いがつけられないこと。だから、現実を冷静に見ることができず、なかなか前に進めません。

せっかく、いい能力や性質をもっていても生かしきれず、もったいないことです。

本気で「自分の目標を叶《かな》えたい」「いい人生を送りたい」のであれば、自分のネガティブな感情を整理していくことは、どうしても不可欠なのです。

感情を整理するとは、心のメンテナンスをして、健全な状態に保とうとすること。そのためには、感情をそのまま放置せず、自分の意志で積極的に、働きかける必要があります。

それは、ちょっとしたコツのようなものです。

実は、どんな仕事のスキルや成功哲学を学ぶより、自分の感情との付き合い方を知ることは、人生において重要なスキルといっていいでしょう。

自分の感情をどう整理していくかで、仕事のやり方も、人との付き合い方も、生き方も変わってきます。


自分のネガティブな感情に手を焼いて、引きずられる人生。

自分の感情を整えて、喜びや楽しさ、幸せを手に入れていく人生。

あなたは、どちらの道を選びますか?


この本では、感情の整理をすることが大事だということをお伝えしますが、「怒り」という感情、これがいちばん整理できない感情かもしれません。

まずは、「怒り」という感情で、どんなに私たちが損をしているか、からお話ししましょう。

感情の整理ができる女《ひと》は、うまくいく　目次

第二章 今日から感情の整理をする12のヒント

第三章 不機嫌にならない女《ひと》

第四章

寂しさと、つらさに負けない女《ひと》

第五章 マイナスの感情を乗り越える女《ひと》

第六章　心の張りをなくさない女《ひと》

本文写真：有川真由美

第一章

怒らない女《ひと》

1 怒りっぽい人は、大損をしている。

まず「怒り」についてお話ししたいのは、世間では怒っている人が、なぜか増えていると思えてならないからです。

怒りっぽい人は、人生で大損をしています。

まずは、単純に〝時間の無駄〟です。

怒ることで時間を浪費し、自分で自分を苦しめているのですから。

たとえば、上司に侮辱《ぶじょく》的な言葉を浴びせられ、激しく腹が立ったとしましょう。

上司の顔を見るのも嫌になります。上司から「ちょっと、これ、お願い」と頼みごとをされても、「え？　いまじゃなきゃいけませんか？」と、ついツンケン反抗的な態度をとってしまいます。会社にいる間ムカムカして、家に帰ってやけ食いをしているうちに、「そういえば、上司はこの前も……」

と別の怒りを反芻《はんすう》して、さらに怒りが増してくる……なんて状態であれば、二重、三重の苦しみ。

「あぁ、もうイヤ。明日、会社に行きたくない……」

こんな怒りを抱《かか》えて過ごすのは、さぞかし、しんどいことでしょう。

でも、こうなるまえに、ぜひとも気づいてほしい。

腹を立てても、一銭の得にもならないということに。

当の上司は、痛くも痒《かゆ》くもない。ちっとも罪悪感なんか感じずに、家でスポーツ番組でも観《み》て熱中しているか、もしくは、居酒屋で世間話でもしているかもしれないのです。自分だけが、プンプン怒って苦しんでいるなんて、ばかみたいだと思いませんか？

これは、自分の問題ではなく、相手の問題なのです。

これ以上、相手のために時間を使うのは、やめにしましょう。

怒っている暇があるなら、気になるお店をのぞいてみるのもいいし、気の合う友だちと恋の話でもして、楽しく笑って過ごすほうが、ずっとマシ。

1分1秒でも、相手のことを考えずに過ごしたほうがいいと思いませんか？

私たちは心の奥で、できるだけ、いい気分で過ごし、幸せな時間をもちたいと思っているはず。怒っている間は、幸せを感じる力を失っています。限りある時間を大切にしたいと思うなら、無意味な怒りの感情を追い出す必要があるのです。

怒りを反芻しそうなときは、「怒ったら負け」とつぶやきましょう。

なにに負けるかって？　それは自分自身に。

2 怒りっぽい人は、体を壊す。

怒ると損をする2番目の理由は、〝エネルギーの無駄〟だからです。

負の感情を整理できないと、マイナスの方向にエネルギーが使われるのです。怒るとエネルギーを消耗するのは、だれもが実感することではないでしょうか。カーッと怒って反論するとヘトヘトになるし、ぐっと我慢しても、いいようのない疲労感に襲われます。

怒りの感情が整理できないままだと、エネルギーの消耗が続いてしまうのです。

「怒り」というマイナスの感情は、〝壊す〟エネルギーだといわれます。

世の中がすべて自分の思い通りになれば怒ることもないのでしょうが、どうにもならないことが多いので、「怒り」になります。

怒りが爆発して、そのエネルギーが人に向けられると、相手を傷つけたり、周りに嫌な思いをさせたりすることになります。世の中の事件は、ほとんど怒りが原因。戦争まで起こしてしまうから、怒りとは本当に恐ろしいものです。

さらに悪いことに、怒りのエネルギーは、自分までも、むしばんでしまいます。

手に負えない怒りを抱えてしまうと、心と体を壊すことがあります。

いつもイライラしたり、落ち込んだり、やる気をなくしたりするだけでなく、ひどいときは、不眠やうつ、胃潰瘍《いかいよう》、高血圧などの病気になることも。

「腸《はらわた》が煮えくり返る」といいますが、激怒すると、内臓への影響もあるとか。生きる力さえ奪うこともあるのですから、あぁ、怒りって怖い……。

反対に、「喜び」というプラスの感情は、〝つくる〟エネルギーといわれます。私たちは現実を肯定し、愛情を感じながら、いろいろなものをつくっていきます。

家族、仕事、恋愛、人間関係、遊び、学び、生活……すべてにおいて、喜びがあるからやっていける。多くの障害や苦労があっても、喜びが点在しているから、それらを乗り越え、つくり上げていけるのです。

喜びでつくられたものを、怒りは次々にぶち壊していきます。建設的に、なにかを創造したり、育《はぐく》んでいったりする努力を、怒りは台無しにしてしまいます。

お金でいうと、**喜びは〝貯金〟で、怒りは〝借金〟**のようなものでしょうか。

あなたは、自分の人生で、貯金と借金、どちらを選択しますか？

私たちの大切な人生を、喜びでつくり上げていくと、決断しようではありませんか。

3 怒っていると、判断力がにぶる。

怒ると損をする3番目の理由は、〝判断力がなくなってしまう〟から。

怒りに身を任せるのは、危険です。

カッとなると、言動が制御不能になってしまうからです。つい余計なことを口走ってしまったり、破れかぶれになって、大事なものを失ったりすることになりかねません。

仕事で、ある人から「あなたのせいで、迷惑をしている」というような心ないひと言を浴びせられたとしましょう。腹が立ちます。「ちょっと待ってよ。私のせいじゃないでしょう」と言い返したくなります。瞬間湯沸かし器のようにカーッと熱くなって、「あなただって、この前は、みんなに迷惑をかけたじゃないの」と反撃したり、「ご迷惑なら、私はもうご一緒しませんから」と、取り返しのつかないことを言ったりしてしまいます。

怒りというのは興奮して表に出すと、さらに増してくるという特徴があります。冷静になると、「感情的になるほどのことでもなかった」「あんなこと言わなきゃよかった」などと深く後悔。

どうして、こんなに感情的になってしまうのか。

怒りの正体は、自分を守ろうとする「防衛本能」だといわれます。

私たちは、自分が損害を被《こうむ》ると感じたとき、一気に戦闘モードになって、敵対する相手を、攻撃しようとしてしまうのです。

感情的になっているときは、自分を守りたい一心で、ほかのことが見えなくなります。だから感情に任せて発言したり、行動したりしないのが賢明な選択。

特に、大事な決断や相手を陥《おとしい》れるようなコメントを口にするのは避けたほうがいいでしょう。

感情的に言っても説得力がないし、自分で自分の首を絞《し》めることになりかねません。

たとえ、自分を守るためであっても、怒りに任せて人を攻撃すれば、さらに敵をつくることになってしまう。ここは、ぐっとこらえたほうが得策です。

心が乱れているときは、なにもしないで、やりすごせばいいのです。

落ち着くのを待って、どうしたらいいか考えましょう。必ず、もっといい作戦が見つかるはずです。

自分の正当性を主張するより、ストレスを最小限にして、うまく仕事を進めるほうが先決。反論するにしても、冷静になってから、にっこり笑顔で「どうしたらいいか、教えてもらえますか?」などと役者になって行動してみましょう。

次の展開は、あなたが予想できないほど、ベストなものになりますから。

4 **怒っていると、人とわかり合えない。**

そして怒ると損をする4番目の理由は、〝コミュニケーションができなくなる〟からです。

お互いに怒っているときの話は、ほとんどかみ合っていません。相手を責めたり、自分を守るために、闘っている状態だからです。怒りでこぶしを握っている状態では、相手と握手できないのです。

友人の女性社長Fさんは、数人で事業を始めて、自社ビルをもつまでになりました。

Fさんがすごいのは、どんな危機的な状況が起きても、どんな面倒な人に対しても「しゃあない！」と、まるで肝《きも》っ玉《たま》母さんのように、ど̶んと構えて、まったく怒らないところ。そして、従業員は、社長を絶対的に信頼しているのです。

「会社を始めてから、ずっと怒ることはなかったの？」と聞くと、「とんでもない！　最初は怒ってばかり。でも、怒っていても、自分の伝えたいことを、わかってもらえないって気づいたんです。それじゃ、仕事も進まないでしょう？」とサバサバした笑顔。

Fさんは、「どうしたら、わかってもらえるのか」「どうしたら、仕事がうまく進むのか」と考えているうちに、自然に怒らなくなり、相手の話を聞くようになったのだとか。

そう。だれだって、自分のことをわかってほしいと思っています。でも、みんな、自分のことばかり主張している人は、嫌い。怒って、自分のことを否定する人は、大嫌い。

反対に、自分の話を聞いてくれる人は、大好き。自分のことをわかってくれる人のことは、だれもが認めようと思うもの。そんな人の話は、聞こうという態勢になり、相互理解が生まれます。

あたりまえなのに、なかなかわからないことですが、どちらかが一方的に理解しているだけというアンバランスな人間関係は、成り立たないのです。

本気で「自分の気持ちを伝えたい」「わかり合いたい」と思うなら、まずは冷静に**相手の話をよく聞いて、相手の立場から、考えてみること**。

そのほうが、相手が納得する伝え方もわかり、話もしやすくなります。

怒っているときは、相手を理解しようという気持ちが、完全に失われています。

不思議なもので、相手の話を聞こうとすれば、怒りは静まり、相手に対する好意もわいてくるもの。悪いようにはならないので、「お先にどうぞ」と、話を譲ってみて。

「それはちがうでしょう」と反論したくても、「ふーん。そう考えるのね」と相手に寄り添って最後まで聞く。ただし、相手の考えと自分の考えは切り離して。自分の言い分を「私の考えを伝えるね」と切り出すのは、それからでも遅くないはずです。

5 怒りっぽい女は、かわいそうに見える。

怒ると損をする最後の理由は、〝幸せそうに見えない〟という現実があるから。

特に、他人に対して直接的に怒っている女性は、周りから「この人は、なにか満たされていないのだろう」「孤独なんだろう」などと見られ、「かわいそうに」とさえ思われてしまいます。感情的になっている人には、痛々しさが漂うこともあります。

多くの人は、理屈抜きに、怒りっぽくて不幸そうな人より、明るくて幸せそうな人と付き合いたい。怒りっぽい人は、「仕事のことで怒っているんだから、プライベートは関係ないでしょ」などと、また怒るでしょうが、感情は、仕事もプライベートも区別なくつながっているのです。

感情をむき出しにすることは恥ずかしいことです。自分の弱さを暴露しているようなもの。ついカッとなり、人前で部下を感情的に怒ったことが恥ずかしくて、1週間、なにも手につかないほど落ち込んだという友人がいました。怒りの原因はともかく、「人からどう思われたんだろう」と他人の目が気になり、「みっともない行動をとってしまった」という自己嫌悪に苛《さいな》まれることになったとか。

その後、友人はカッとなったらトイレに駆け込んで、鏡を見ることにしたそうです。

逆に、舐《な》められたくない、劣っていると思われたくないという気持ちから、怒りっぽくなっている人もいます。いつも不機嫌な態度で、新人や仕事ができない人に対して、「そんなこともできないの?」と遠慮なく怒りを爆発。「私がなぜそんなことをしなきゃいけないの?」「私から見たら、みんな甘いのよ」と、なぜか上から目線。

人はとかく「自分に甘く、他人に厳しい」ものですが、怒りっぽい女性は、さらにその傾向が強くなります。

自分の怒りを周囲に訴えている女性は、同意や共感を得ることを望んでいるのですが、だれかが「あなたも悪いわよ」などと言おうものなら、大方、「そんなことないわ」と反論したり、「あなたがそんなことを言うとは思わなかった。もういい!」と険悪なムードになったりします。

人を〝否定〟しても、自分が〝否定〟されることは嫌なのです。

こういった女性からは自然に人が離れていきます。だれだって自分はかわいい。〝否定〟の矛先《ほこさき》が自分に向いて、とばっちりを受けるのはご免です。

とかく人は、他人にはシビアで、自分のことは見えにくいもの。人前で怒りが噴き出てしまいそうなときは、「自分はどう見えるのか」と、客観的に自分を見ようとするクセをつけてはいかがでしょう。我に返って、怒りがサーッと引いていきますから。

6 怒ると、現実を受け入れられない。

では、どうして怒りが起きるのか、ここから考えてみましょう。多くの人は、気づいていないかもしれませんが、だれもが心の奥底で「自分が正しい」と思っています。

「いや、私はそんなことないわ」と言う人も、ときには怒ることがあるでしょう？

「自分は正しい。相手がまちがっている」と思うから、怒るのです。

「相手は正しい。自分がまちがっている」と思えば、怒らないはずです。

いつも私たちは自分が正しいと思い込んでいる基準で、ものごとを見ていて、「それは受け入れられない！」と心が拒否したとき、怒りになります。

しかし、この自分の基準は、〝思い込み〟にすぎないのです。

海外を旅し始めたころ、タクシーやレストランで、私が日本人だとわかると、よく料金を吹っかけられたものです。

東南アジアのある国でタクシーに乗ったとき、5分で着くはずのホテルなのに、15分ほどぐるぐる回っていたことがありました。途中で「そんなに時間がかかるはずないでしょう！」と言っても、相手も強気。荒々しい口調で「これが正しい道順だ」と言い張ります。しかも予想の3倍も高い料金を払わされることに。ホテルのフロントに事情を説明すると、「それはだまされたね」と言ってガハハと高笑い……。

「ありえない！」。タクシーの運転手にも腹が立ちますが、人が困っているのに笑っているフロントにも腹が立ちます。ほかにも何度も吹っかけられることがあり、「この国の人は人をだまして、なんとも思わないのかしら」と、しばらくイライラしどおしでした。

しかし、そんなことを繰り返していると、「ここでは外国人からお金を高くとるのが常識。だまされるほうにもいくらか問題がある」ということがわかってきます。相手も大切な家族の生活がかかっているのでしょう。といっても、こちらも相手の要求に従ってばかりもいられません。事情が呑《の》み込めたら、あとはお互いの知恵比べです。

現実に起こっていることのほうに、真実はあります。現実を「そういうことか」と受け入れる覚悟ができたら、それほど腹を立てずに対策を立てて、進んでいけます。

怒りは、自分の基準で勝手につくり出している感情であり、自分自身の問題です。

日常生活や仕事でも、「自分は正しい。相手が悪い」と怒っていても、相手は「自分が悪い」とまったく思っていない場合が多々あります。

「ありえない！」という言葉を「あるかもね」と言い換えてみると、相手にもさまざまな事情があるのだと思えてきます。

「現実のなかに真実はある」、そう思って相手の立場からも現実を見ようとする姿勢が、やわらかい心をつくり、簡単にうろたえない強い心をつくるのではないでしょうか。

7 「だれかのせい」と考えない。

うまくいかないことを、すぐになにかのせいにして、怒る人がいます。怒っているときは、「だれか（なにか）が悪い。私は被害者」と責任を転嫁《てんか》し、自分を正当化しようとします。

でも、本当に〝被害者〟なのでしょうか。

「給料が上がらないのは、世の中が不況のせい」
「結婚できないのは、周りにいい男がいないせい」
「今回の企画が通らなかったのは、上司のせい」
「遅刻したのは、雨でバスが遅れたせい」

勝手な思い込みで、自分が「こんな目に遭《あ》わされている」と思っているのです。

被害者意識があると、人は、いとも簡単に、かわいそうで、惨《みじ》めな人になってしまいます。

契約社員の更新をしてもらえなかったEさんという人がいました。

「もう10年以上、勤めてきたんです。この歳《とし》では、新しい仕事もない。一生懸命働いて、信頼関係も築いていた会社に、見放されるなんて思いもしませんでした」（※2013年、有期契約労働者の無期転換ルールなど、労働契約法の一部が改正されています）

たしかにお気の毒な話なのですが、よく考えていただきたいのは、契約社員とは、そういうリスクがあるものだということです。現代の会社では、人員削減はあたりまえ。いいか悪いかは別として。

そして、それを選んできたのは自分自身のはずです（家庭の事情や、どうしても正社員に採用されなかったなど、事情があれば別です）。

「契約社員でずっと働こうなんて私が甘かった。二度とこんな目に遭うのはご免だから、これを機にスキルを磨いて、どこでも働けるように力をつけるわよ」などと思えば、もっといい未来が開けてくるかもしれません。なにを隠そう、私がそうでしたから。

「～のせい」をやめると、いちいち悪感情にとらわれることはありません。

そして、人生は好転します。本当に。

なぜなら、人のせいにしている以上、すべては手に負えない問題。

でも、**「すべては、身から出た錆《さび》」と考えると、納得し、解決していけます。**

自分の夢や目標を叶《かな》えることだって、可能なのです。

簡単に、かわいそうな被害者になってはいけません。

どんな現実にも「それも結構！」と胸を張って進んでいきましょう。

8 怒っても、ぜったいに他人は変えられない。

私たちが、人に対して怒っているとき、「強く言ったら、この人は変わってくれるだろう」「どうにかしたい」という思惑《おもわく》があります。

たとえば、いつも家でゴロゴロしている夫に対して、「たまには、片づけをしてよ」とか「休みの日は遊びに連れていってくれてもいいじゃない！」と怒ります。

「あなたは～だからよくない」と諭《さと》そうとしたり、「私だって疲れているのよ」と自分の状況を訴えたり、切羽《せっぱ》詰まっているときは「私にも考えがありますから」と脅迫《きょうはく》じみた言い方をするかもしれません。なんとか、相手に変わってほしいという気持ちでいっぱいです。

その甲斐《かい》あって、夫はしぶしぶお茶碗を洗ったり、家族サービスに努めたりするでしょう。でも、しばらくすると、たいていまた以前のゴロゴロ状態に戻っているはずです。

そして、「何度言ったらわかるのよ!」とキレることの繰り返し……。

そう。**人は、そんなに簡単に変わることはできない**のです。

これまでの人生がそうさせているのですから、無理もありません。

「人は、自分から積極的に変わろうとしないかぎり、変わることはできない」という真実をわかっておく必要があります。押しつけでやらされたとしても、「仕方ないなぁ」「イヤだなぁ」「面倒だなぁ」という〝やらされ感〟がある以上、自分からは動かなくなってしまうでしょう。押しつけでは思考停止になり、怠慢《たいまん》と反発を招くだけです。

でも、絶望することはありません。人は変えられないけれど、自分なら変えることはできます。そして、自分の行動を変えると相手も変わっていくのです。不思議なほど。

夫に、やってほしいことを伝えるのは大事です。「〜してもらえると、うれしい」というように。そして夫がしぶしぶでも、やってくれたことに精一杯、喜び、感謝を表しましょう。大げさなぐらいに、「あなたがいてくれると助かる」「家族で遊びにいけるなんて幸せ」と。日ごろから「ほめ言葉」と「感謝」を口にしていると、さらに効果的。

夫は「そんなに喜んでくれるなら、またやろう」と、自分から動くようになるかもしれません。

自分を認めてくれる人の期待には、応《こた》えようとするのが人間というもの。変わってほしいと思う人は、身の周りにいくらでもいるものですが、相手を変えようとがんばるのは、やめましょう。疲れるだけです。

同じがんばるなら、相手のいいところにも目を向け、ほめること、感謝することをがんばってみてはいかがでしょう。

なによりも、自分が穏やかに過ごすために。

9 怒りの下には別の感情がある。

子どものちょっとしたことでキレる母親がいます。

どうも母親の怒りの本質は、子どもではなく、別なところにあるようです。

そして、その原因は、「どうにもならない」ことが多いものです。

「子どもがいるために、働きたくても働けない」「ダンナが協力的でない」「生活が苦しくて、欲しいものが買えない」「だれも私の苦労をわかってくれない」などなど。

怒りは表面的なもので、その下には、孤独、寂しさ、悲しみ、自己嫌悪、不安など、表現できない別な感情があります。自分も気づいていないことが多いのですが、普段は、そんな自分の感情に蓋《ふた》をして過ごしていても、ふとした拍子に、怒りになってドドーッと溢《あふ》れ出てくるのです。

電車のなかで足を踏まれて、相手をキッと睨《にら》んだり、友人のなにげないひと言にキレたり、恋人からのメールの返信が遅れたことで怒ったり……と、**普段より怒りっぽくなっているときは、怒りの下に、たまっている不満があると**認識したほうがいいでしょう。

不満がくすぶっているとき、疲れているときは、怒りっぽくなるものですが、特に、子どもや親など身内には遠慮がないため、感情の蓋は、あっさり外《はず》れやすくなります。

特に、弱い立場の子どもに怒りをぶつけ始めると、コントロールがきかない状態になり、これが過ぎると、児童虐待や育児放棄に発展することもあります。

女手ひとつで子どもを育て上げたHさんが、こんなことを言っていました。

「子どもに暴力をふるったり、何日も放っておいて死なせてしまう事件が増えて問題になっているけれど、私もそうなっていたかもしれない。仕事疲れ、家事疲れ、育児疲れで、気持ちがいっぱいいっぱいだったとき、私もふと、そうしたくなったもの」

親ひとり子ひとりで、だれに頼ることもなく育児をやり、仕事を3つかけもちし、元夫がつくった借金を返してきたHさん。限界を超える苦労があったのでしょう。

「それでもなんとかやってこられたのは、話を聞いてくれる人がいた、それだけのことよ」

心の器《うつわ》には、容量があります。

ときどき、気にかけて、「この不満はしつこく残っているな」「だんだんたまってきた」「もう限界かも」というときは、こまめに吐き出してあげることが大事。

ひとりで抱え込み、イライラしたり、グッと我慢したりするのは、よくありません。**ほどよく頼るものをもつのも、生きていく知恵なのです。**

10 あまり怒らない人が、怒らない理由。

世の中には、ほとんど怒りを感じることがない、または、怒りを感じても、いつの間にか、きれいさっぱり忘れているという人がいます。

そんな人は、大抵、あまりストレスのない環境下で好きなことをしているか、次々に新しいことを考えていたり、なにかに熱中したりしています。

つまり、喜びや楽しみ、好奇心、幸福感で気持ちを満たしているために、怒りやイライラが入ってくるすき間がないのです。

80歳代の友人Tさんは、海外旅行が趣味。死ぬまでに、行ったことのない秘境を回りたいと、世界地図を広げ、旅行の準備に追われ、英会話のトレーニングにも熱心。ずっとひとり暮らしで、足に障害をもつTさんは、生活も旅も不自由なことが多いのですが、いつもご機嫌なのは、まだ見ぬ世界のことで頭がいっぱいなのと、大切な時間を楽しく有意義に過ごしたいという気持ちが強いからでしょう。

ほかにも、あまり怒らない知人たちは、自分の生活スタイルを極めていたり、頼ってくる人たちの世話で忙しかったり、大きな志に向かってパワフルに進んでいたりします。

前に進む力が強ければ、マイナスの感情は弱くなっていきます。

ただし、世の中には、前に進むということだけでは解決しない怒りがあるのも事実です。

私も、怒ることがあります。身の周りの些細《ささい》なことで怒ることもあれば、公共の場でひどいマナー違反をしている知らない人に対して怒りを感じたり。友人が巻き込まれたトラブルの話を聞いて一緒に怒ることや、社会問題に対して怒ること、自分に対して腹が立つこともあります。

あきらめの気持ちをもたずに世の中を見ようとすると、怒りを感じないほうが、不自然なことのような気がします。

私たちは、自分の思い込みで世の中を見ているから腹が立つのですが、それは、それだけ「期待している」ということでもあるのです。

怒ったり、悲しんだりして、それをどうにかしようともがくこともまた、人間らしさのような気がします。

わき上がってきた感情は、もとに戻すことはできませんが、整理していく努力はしていけるはずです。

それだけの知恵が、私たちには与えられていると思うのです。

＊11 怒りのエネルギーを〝変換〟する。

先に、怒りは〝壊す〟エネルギーと書きましたが、考え方を変えると、このやっかいなマイナスのエネルギーは、プラスのエネルギーに変換できるのです。

私も、怒りのエネルギーが、前に進む原動力になることを、実感してきました。

十数年前、私は仕事もお金もなく、短期の派遣社員として、あちこちの職場で働いていました。そこでは、いちばん下で働いている弱者が、正社員や先輩の派遣社員のストレスのはけ口になることも。ちょっとしたことで怒鳴られたり、ねちねちと嫌みを言われたりしたものです。

腹が立ちます。相手にも腹が立ちますが、そんな立場でいる自分にも腹が立ちます。

そして「ぜったい、この場所から抜け出してやる！」と心に誓ったことが、自分の望んでいる場所へと押し出してくれるエネルギーとなったのです。

「こんな社会はあんまりだ。弱者の労働者を救わなければ」と怒った人は、自分で新しい派遣会社をつくったり、政治活動をしたりする方向にいくのかもしれません。

組織や社会への怒りが、大きな運動に発展していくこともあります。怒りが集結すれば、世の中を変えるほどのエネルギーになっていきます。

ある女性は、恋人にひどい捨てられ方をして、その怒りから「ぜったい、痩《や》せて、きれいになって、彼に後悔させてやる！」と誓い、見違えるほどの美女になりました。

でも、きれいになったら、昔の恋人を見返すことなんか、どうでもよくなっていたとか。きれいな自分になれたことも大きな収穫ですが、なにより、〝自信〟を得たことで、未来への希望がもて、過去への執着《しゅうちゃく》から解放されたのでしょう。

ほかにも、学歴がなく仕事を断られたことで「会社をつくって見返してやる！」と発起《ほっき》して成功した人、貧乏で修学旅行に行けなかったことで「自分の力で海外に行ってやる！」と地域の主催する高校生海外ボランティアに応募し、活動してきた人もいました。

怒りのエネルギーは、〝やる気〟や〝情熱〟になっていきます。

そして、〝結果オーライ〟になって、現実を肯定できれば、すべての過去も肯定的に考えられるでしょう。いまが幸せなら、すべて許せるのです。

怒りを突き詰めていくと、〝恐れ〟になるという心理学的な説もあります。恐れることに対してそのまま泣き寝入りすることへの抵抗が、人を突き動かすエネルギーになり、変化をもたらすのではないでしょうか。

12 感情を気持ちよく吐き出す。

田舎《いなか》の町営温泉に行ったとき、常連らしい、おばあちゃんたちが3人入ってきました。

そこで始まったのは、〝鬼嫁報告会〟。

「うちの嫁、孫におもちゃを買ってあげたら、余計なことをしないでって言うのよ」

「あら、うちも同じ。孫が私のことを好きだから、きっとおもしろくないのよ」

「うちの嫁は、ろくな料理も作れないのに、私の作ったものが気に入らないみたい」

と、延々と、鬼嫁日報は続きます。こうした場所で、感情を吐き出すことで、おばあちゃんたちは、心のバランスを保っているのでしょう。

家に帰ったら、〝いい姑《しゅうとめ》〟の役を演じるために、がんばっているのかもしれません。

話すことで、感情が吐き出されて、「ま、いっか」という気分にもなるし、事情を説明するうちに、客観的に自分を見られて、気持ちも整理されてくるものです。

じっと我慢しているのは、よくありません。感情の吐き出し口がないと、自分の心と体をむしばんでいったり、別なところに当たったりするようになります。

電車でイライラして怒っている人も、ネットで誹謗《ひぼう》中傷を書きこんでいる人も、犬に当たっている人も、なにか別のところで、不満が募《つの》っているのでしょう。

私は家電製品のクレーム電話の受付をやっていたことがあります。クレームを言っているうちに、さらに腹立たしくなるのか、無茶を言って困らせ、ついには説教になり……と、怒りがヒートアップしていく人もいます。「そこまで怒るか?」というぐらいに。

でも、怒っている人が、のびのびと気持ちよさそうだと感じることもあったのです。

不謹慎《ふきんしん》かもしれませんが、客という強い立場で人の優位に立って怒るのは、ちょっとした快感なのではないでしょうか。しかも、電話という顔の見えない世界で。

こういったお客様には、心ゆくまで存分に怒ってもらうにかぎります。「わかりますよ」「それは大変でしたね」と気持ちに寄り添いながら聞いていると、相手もだんだん怒るのに疲れてきます。そこからが大人の話し合いです。激しく怒っていた人にかぎって、感情を出してすっきりしたあとは、罪悪感があるのか、「あなたが悪いんじゃないけどね」などと気配りコメントをくださり、機嫌よくなっているものです。

といっても、日常生活で他人に当たるのは、迷惑になります。**感情を受け止めてくれたり、話を聞いてくれたりする場所をつくっていく**のも、自分の責任。愚痴《ぐち》るときは、あっけらかんと明るく。人が聞いてくれるように言うのも、感情を吐き出すコツかもしれません。

13 信頼関係がない怒りは役に立たない。

私は、怒りをぶつけることが許されるのは、情熱や憤《いきどお》りの気持ちを伝えたいとき、本気で自分を守りたいとき、そして信頼関係が築けているときにかぎると思っています。

なぜなら、怒ることは「あなたはまちがっている」と、相手を否定する行為。自分を否定する相手に、どんなに正しいことを言われても、人は素直になれないのです。

幼い子どもは親を全面的に信頼しているので、怒られても受け入れてくれるでしょう。

スポーツの監督が、どれだけ罵倒《ばとう》しても、選手がついていくのは、「チームで優勝したい」など明確な目的があるのと、選手が監督に絶対的な信頼をおいているからです。

ところが、役職が上、年齢が上、キャリアが上、客としてお金を払っているから上、給料を払っているから上など、「自分のほうが上の立場だから、怒ってもいいだろう」と勘ちがいして、怒る人たちがいます。

「上から目線」で相手を見ると、人は怒りやすくなるのです。

でも、これは立場を利用して、相手に甘えていること。怒られる側から見たら、「偉そうに！」ということになります。

その場から離れたら、一対一の人間なのです。

信頼関係がないのに怒ってしまうと、人間関係に亀裂が入ったり、相手は反発を感じたり、自分も自己嫌悪に陥って落ち込んだりします。

心が通い合っている場合は、怒っても大丈夫。

上司にガミガミ怒られても、ケロリとしている部下もいますが、それは、お互いの間に、簡単には壊れない信頼関係ができているからでしょう。

なかには、会社の空気を引き締めるために、〝憎まれ役〟を買って出ている人もいます。人や会社を思う気持ちが垣間《かいま》見《み》えれば、受け入れられるのかもしれません。

そう。**怒って許されるのには、自分のために怒る〝エゴ〟ではなく、相手のためという〝愛〟が必要**なのです。

70代のある有名女性作家の仕事場にお邪魔したとき、長年働いている秘書の方が、「先生、ダメじゃないですか！　しっかりしてください」と強く怒っていました。

「私を怒ってくれるのは、彼女しかいないのよ。ありがたいわよね」

と女性作家は笑顔。愛があれば、下の立場からでも、怒ることはできるのです。怒りをぶつけるときは、少々のことでは崩れない関係を確認してからのほうがいいでしょう。

14 女性に怒る前に知っておこう。

女性が女性を見るとき、〝自分の基準〟というものが色濃く出てきます。

男性であれば性がちがうため、どこかで「自分と同じようには比べられない」と思っていることでも、同性だと「どうして、あなたはそうなんだ」「私にできるんだから、あなたもできるはずだ」と、厳しい目になり、怒りがわいてくることもしばしば。

ある一面のことだけでなく、「あんな人、大嫌い」「人としてどうかと思う」と人間性まで否定しようとすることさえあります。

ただ、女性は、怒ったり怒られたりということを好みません。特に女性同士では。

古来、女性は、男たちが猟に出ている間、村の調和を守り、協力して子育てをしてきたのです。平和でありたいと考えます。

だから、女性に怒りをぶつけるときは、よほど信頼関係があるときにかぎります。感情的に怒ると、相手も感情的になって自己防衛することも、よくあることです。女性は、感受性が豊かな生き物なのです。理性的な問題解決より、感情的な行動になってしまうこともしばしばあります。

また、同性であるがゆえ、敵対心をむき出しにする人もいます。男性上司からの注意は素直に聞けるのに、女性上司からの注意には、反発してしまう人もいるでしょう。自分が能力と人間性を認めた、尊敬できる女性上司であれば、すんなりいくのでしょうが、そうでなければ、相手の欠点がやたらと目につきます。

以前働いていた衣料品のチェーン店では、男性店長の店には女性スタッフが多く、女性店長の店には男性スタッフが多い、という傾向がありました。

女性店長からすれば、男性のほうが指示や注意がしやすくてラク、協力を得られやすいから採用するというのもありますが、女性スタッフと目に見えない敵対関係になって、スタッフが辞め、自然に男性の比率が高くなっていくことが多いのです。

とはいっても、女性だけで強力なタッグを組み、成果を上げている店舗もありました。

打ち解けると、団結力が強くなるのも、女性同士の特徴です。女性グループは、ギスギスした関係になるか、一致協力して団結していくか、極端に振れやすいようです。

つまり、**女性は女性を無意識に「敵か味方か」で判断している**のです。

味方というのは、〝共感〟できる相手。女性同士は、感情をぶつける相手ではなく、一緒に痛みを分かち合ったり、助け合ったり……、共感する相手として考えたほうがいいでしょう。

共感、協力でつながるのが、女性同士が共存していく道。自分とちがう部分には、興味をもったり、おもしろがったりする余裕が必要かもしれません。

15 男性に怒る前に知っておこう。

女性は、相手がどんな男性であっても、無意識に「好きか嫌いか」の判断をしています。好きな男性にはとても甘いのに、嫌いな男性には徹底的に手厳しいこともあります。これは、女性が受け継いできた、男性と対《つい》になろうとするＤＮＡによるものなのかもしれません。

好意的に感じている男性は、少々ダメなところがあっても、大目に見られます。

女性であれば許されないようなことでも、「まったくしようがないんだから」と許される男性、なぜか愛されて、女性から助けられているという男性がいるでしょう。

ところが、女性は、嫌悪感をもつ男性に対しては、非常に厳しい仕打ちをします。ひどいときは、あからさまにツンケンした態度をとったり、無視したり、陰口で盛り上がったり。異性だからこそ、怒りを表しやすいというのもあります。

「職場の女性に手を焼いている」という男性は、仕事をしっかりやることも大事ですが、まず、女性の心をつかむことから始めたほうがいいでしょう。

さて、女性が男性に怒るときは、まず、感情的にならないこと。なかには泣いたり怒ったりして訴え、「雨降って地固まる」ということもありますが、感情的になると、フェアな話し合いができないのです。女性が感情的に泣いたり怒ったりすることは、男性の暴言やパワハラと同じくらいの反則行為といっていいでしょう。家族や恋人など、甘えられる相手であればいいのですが、仕事では信頼を得られなくなってしまいます。

そして、もうひとつ。男性を責め続けないことです。多くの男性は、女性のように「ひっどーい」「そんなことないです」といちいち口に出さず、ムッとしているだけなので、非常にわかりにくいところがあります。そのため、女性は相手の気持ちをわからずに、徹底的に責め続けます。結果、男性はその場から退散しようとするか、逆ギレしてしまうのです。

実は、男性のほうが、自己防衛本能は強い。「これ以上、言ってはならない」という〝キレポイント〟をわかっていないと大変な目に遭います。激高した男性は本気で戦おうとするので、女性も大きなダメージを受けるか、「も、もういいから……」と白旗を上げるしかありません。何度も責めていると、キレやすくなるので要注意。

男性を責めるときは、ちょっと抑えて逃げ道をつくってあげるのが賢明です。

そして、**怒っても責めても、どこかで相手への敬意は表しておく**こと。

男性はいつも、女性に「認められたい。尊敬されたい」と思っています。

そこさえ押さえていれば、女性の言い分も受け入れてもらいやすくなると思うのです。

16 男性の怒りと女性の怒りはちがう。

ほとんどの人は気づいていないことですが、恋人や夫婦などの男女間には、「男性は強いもの、女性は弱いもの」という無意識の概念があります。対等ではなく。

男性は、「女性に尊敬される男でありたい」「女性に頼られる男でいたい」と思っているので、怒りのベースに、「強いところを示したい」「主導権をとりたい」という欲求があります。怒りっぽい男性は、「男はもともと強くあるべきだから、これぐらい怒っても許してもらえるだろう」と思っているのかもしれません。

女性にごちゃごちゃと言われたり、ないがしろにされたり、悪い点を指摘されたりすると、「男性は強い」という既得権益を侵《おか》されてしまうため、怒りが噴出します。

一方、男性に対する**女性の怒りのベースは、突きつめると「愛されたい」「わかってほしい」という欲求に尽きます。**そして、怒りっぽい女性は、「女性はもともと弱いんだから、強い男にこれぐらい怒っても許してもらえるだろう」と思って怒っているところがあります。

つまり、男性も女性もそれぞれ、自分の立場に甘えて、怒っているわけです。

女性の「愛されたい」「わかってほしい」という欲求は、とても受け身のものです。

もともと、女性は〝受け入れる性〟。男性の愛情がなければ死活問題の時代が長かったため、ときどき無意識の戦略で、「愛しているなら〜できるはず」と、男性の愛情を確かめるような怒り方もします。男性が話を聞いてくれたり、機嫌をとったり、謝ったりして愛情の確認ができると、気持ちは落ち着くのですが……。

もう少し、女性の怒りの性質を説明しましょう。

たとえば、女性が料理を作って待っていたのに、男性が来られなくなったとしましょう。男性は、「仕事が長引いているんだ」と理由を説明して謝り、それで解決したと思っていますが、女性は「それは、仕方がないわね」と口で言ったとしても、気持ちは晴れていません。次に会ったときに、「最近、冷たいんじゃない？」「この前、私が髪を切ったこともわからなかったでしょ」と愛情を確認するように、チクチク言い始めます。男性は「なんだか機嫌が悪いなぁ」と理解できず、女性もなんだか満たされない状態……。

でも、女性の本当の不満は、「一生懸命作った手料理を食べてほしかった」「あのときは寂しかった」ということ。それを素直に説明すれば、お互いに納得できるのです。

男性も女性も、〝怒り〟を使って甘えすぎず、〝笑顔〟を使ってほどほどに甘え、相手を思いやる気持ちがあれば、仲良くやっていけるのではないでしょうか。

17 やってみよう！　怒りの感情の整理。

怒りはだれにでも生まれてくる感情です。なにかショックなこと、受け入れがたいことがあって、カーッと怒りがわいてくるのは、自然なことです。それを「怒ってはいけない。なんて私は小さい人間なんだろう」と否定しなくてもいいのです。

ただし、そのあとの処理が大切。怒って、言動が制御不能になると、面倒なことになります。そのときは、次のことを試してみてください。

【正しい怒りの整理】

その1　心のなかで、静かに「1、2、3……」と10までカウントする。

衝動的な怒りも、10秒もあれば、クールダウンします。そして、女優になったつもりで、努めて冷静に「わかりました」「教えてくださって、ありがとうございます」などとコメント。もし涙が出そうになったら、「ちょっとお手洗いに……」など、適当な理由をつけて退散しましょう。

その2　その場から離れて、自分の怒りを吐き出す。

ぶらぶら歩いたり、外の空気を吸って深呼吸したりしながら、「ひっどーい。あんな言い方するなんて、あんまりよ」などと、ひとり言をつぶやいていれば、少し落ち着いてきます。どんなに怒っていても、30分もひとりで怒り続けることはできません。自分の怒りを、自分で認めてあげることです。

その3　「怒りの原因はなにか」と自分に問いかける。

少し落ち着いてから、自分と対話するように、「なんで、こんなに怒りがわいてきたんだろう」「最近、疲れていたからね」「あの人のあの点がイヤ」などと原因を探ってみて。怒りの原因が、ほかにあることもあります。

その4　相手への対策を考える。

「私にも言うべきことがある」という場合は、相手にどうやったら伝わるか、作戦を立てましょう。スルーすればいいだけの場合もあるでしょう。冷静になってからのほうが、最善の方法が見つかるものです。

それでも怒りが残ったら、行動と考え方を変えることで、感情の〝上書き〟をしていきましょう。

〈注意〉その場で怒ってはいけないということではありませんが、いつも怒っていては、うるさいだけ。〝ここぞ〟というときに怒ると、「あの人が怒るからにはよっぽどのことだ」と効力を発揮します。大事な一撃は、大事な場面にとっておきましょう。

⇩感情の〝上書き〟については、第二章で説明します。

第二章

今日から感情の整理をする12のヒント

18 感情は馬車。手綱《たづな》を握っているのは自分。

多くの人は「感情をコントロールするのは難しい」と考えているのではないでしょうか。

それはそうです。感情は、心のなかにいる別の生き物なのです。

「怒りたくないのに、怒ってしまう」ということがあるでしょう。

それは、理性では「怒りたくない」、でも、感情は「怒りたい」と思っているから。

つまり、**頭で考えていることと、心で感じていることは別**、ということです。

仏教の『法句経』には「怒りは馬車で、馬車の手綱を握っているのは人。制御することなく感情のままに生きている人は、たんに手綱をもっているだけで、人生の勝利者ではない」というような意味の記述があります。

馬車を「感情」、手綱をもつ人（御者《ぎょしゃ》）を「理性」と考えてみるといいでしょう。

馬は、感情のままに振る舞おうとします。気分よく、調子がいいときはいいけれど、怖いものがあったら、立ち止まろうとするし、驚いて別の方向に走り出すかもしれません。天気や体調がよくなかったり、なにか満たされない状態では、イライラし、やる気をなくして、動こうとしないこともあるでしょう。

無理に走らせようとすると、反抗して、悲鳴をあげてしまいます。

だからといって、「感情」で行動する馬に馬車を預けた状態では、私たちは振り回されて、自分が望んだ場所にたどり着けなくなります。

ここは、「理性」という御者の腕の見せどころです。

赤ちゃんや動物であれば、「激しい気性だから、すぐに怒る」ということがあるでしょうが、大人の感情には、その人の考え方、価値観が反映されています。

「悲観視するか楽観視するか」という考え方のクセや、「危機的な状況でどう反応してきたか」という行動のクセが、感情の質を決めていきます。

感情はパートナー。アクセルにも、ブレーキにもなります。

愛情をもって、うまく付き合っていくことです。

「これが自分だから仕方がない」「正直な感情だから、出してもいいだろう」と、感情を放置したり、甘やかしたりしすぎず、「悪い感情をもってはならない」と厳しくしすぎず。

腕のいい御者なら、自分の感情を認め、癒《い》やしたり、喜ばせたり、勇気づけたりしつつ、ご機嫌に人生の旅を楽しんでいくことができるのです。

19 感情の〝上書き〟をすると、うまくいく。

怒りやイライラといった感情は、放置していてもいいことはありません。

「感情は馬車」と書きましたが、感情は待っていてもなかなか変わってくれないのです。

「感情を変えなければいけない」「忘れなければ」とがんばっても無駄です。思えば思うほど、わだかまりが自分のなかにインプットされていくのですから。

それに心に空白があると、ついついネガティブな感情に引っ張られます。

ではどうするか？

すべてのネガティブな感情を整理するために、３つの効果的な方法があります。

それは、**新しい「行動」「言葉」「考え方」に変えてみる**こと。

私たちは、感情から「行動」「言葉」「考え方」が導かれる、つまり、感情が〝先行〟すると考えがちですが、実は、心理学的に、感情は「行動」「言葉」「考え方」を〝後追い〟するものだとか。

たとえば、統計的に、男性が忘れられない女性の１位は「振り回された女」だといいます。「飲みに連れていって」「迎えに来て」と甘えられ、忙しいのに言われたようにがんばっていると（行動すると）、男性は、「それほどオレは、この女が好きなんだ」という気になってきます。

「忙しいんでしょ。無理しなくても大丈夫です」「ワリカンにしましょう」と遠慮ばかりする女性には、なんとなく気持ちが入り込みません。

行動することによって、「感情」はあとからついてくるのです。

「言葉」をポジティブな言葉に換えてみるのも、感情の〝上書き〟をするには有効な方法です。

嫌いな人に、「私、〇〇さんのそういうところ、好きだなぁ」と直接、言っていると、なんとなくそんな気分になってきます。

そして、「考え方」を変えるというのは、いまとらわれているネガティブな考え方を、自分の都合のいいように解釈することです。

たとえば朝、出がけにコーヒーカップを割ってしまったとします。

それを、「不吉！　なにか悪いことが起きなきゃいいけど」と不安になるか、「気をつけろってサインかも。最近、慌《あわ》ただしかったから、落ち着いて行動しよう」と考えるか。

「行動」「言葉」「考え方」を変えれば、自然と新しい感情に〝上書き〟ができていきます。では、次ページから「行動」「言葉」「考え方」を変えて、感情を変えていく方法について、詳しく説明しましょう。

20 「行動」で意識を別のところへ向ける。

まず、「行動」による感情の変化から説明しましょう。

たとえば、仕事などで怒りを感じることがあっても、友だちと笑い話をしたり、カラオケで熱唱したり、料理作りに熱中したりしているうちに、「ま、いっか」という気分になってくることがありませんか？

そんなときは、新しい行動によって、感情の上書きができているということです。

できるだけ自分を喜ばせることで、気持ちが切り替わる環境をつくってあげましょう。

好きなことや夢中になることをする、体を動かす、部屋を片づける、お笑い番組や泣ける映画を観る、小説を読む……。寝て忘れるという人もいるかもしれません。

特に、**「体を動かす」「場所を変える」「人と話す」というのは、感情を変えるのに効果的**。

いくつか、自分の気持ちを切り替える行動パターンをもっておくと便利です。

「怒りを感じるときやイライラしているときは、自分をつねってみるといい」と言っていた心理学者がいましたが、「痛～い」と思った拍子に、怒りを一瞬忘れて、ほかのことを考え出すことも多いとか。別のところに意識を向けることで、怒りにとらわれた感情は、気にならなくなっていくのです。

自分の怒りをネタに、他人事《ひとごと》のように笑っている人もいますが、すばらしいことです。笑えるところまで、自分を客観的に見られたら、かなり気持ちが切り替わっています。

少々荒療治《あらりょうじ》かもしれませんが、腹が立った相手には、「えいやっ」とばかりに、感情と真逆の行動をとってもいいかもしれません。ムカムカしてきたら、「おほほほ……」と高らかに（人と場所を選んで）笑ってみる。対立した相手に、「あら、ごめんなさいね～」と自分が悪くなくても謝ってしまう。嫌な相手にはにっこり笑顔であいさつしてみる……。そんな行動をとっているうちに、それほど、こだわらなくなっている自分に気づくはずです。

相手より器《うつわ》が大きくなったように思えてくるかもしれません。

行動を変えることが、怒りをすべて忘れさせてくれるとはかぎりませんが、怒りを静めてくれることは確かです。

次々に新しい感情を上書きして、さっさと嫌なことを水に流していく……。そんな人は、たくましく、生き生きと輝いているはずです。

目指すは「泣いた烏《からす》がもう笑った！」です。

21 プラスの言葉でイライラを解消する。

不機嫌な人は、たいていマイナスの言葉を使っています。

プラスの言葉を使っていて、不機嫌だという人はいないでしょう。

「忙しい、忙しい」「どうしよう」「私なんて……」「はー、疲れた」「イヤだー」というつぶやきや、不平不満、愚痴《ぐち》、悪口。こういったマイナスの言葉が、思考にインプットされ、さらに焦《あせ》ったり、沈んだり、嫌になったりしていくのは、ほとんどの人に経験があるのではないでしょうか。ネガティブな感情を整理したいと思ったら、プラスの言葉を使うのは、いちばん簡単で即効性のある薬。気持ちも明るく、前向きになってきます。感情を変えることは難しくても、言葉を変えることなら、だれだってできるはず。

プラスの言葉を使うためには、現実のなかから、プラスの点や感謝すべき点を見つけて、口に出す方法があります。日ごろから、**喜びや幸せ、感動、感謝の言葉を積極的に使う**ことも、心の免疫力をつけて、悪感情から守ってくれます。

ここでは、もうひとつ、「希望」を言葉にする方法をご紹介します。

たとえば、非常に難しい仕事を与えられたとしましょう。

「大変だー」と最初に思います。そこで、「大変じゃない」という言葉を使っても無駄です。否定形で考えた時点で、すでに「大変だ」というイメージが最初に焼きついていています。そんなときは「カンタン、カンタン」というように、真逆の「そうなったらいいな」という言葉を使うのです。おのずとイメージがわいてきて、そうなれる気がしてきます。

気が進まない人と会うときは「楽しみにしていました。会えてよかったです」、残業で憂うつなときは「8時までに終わらせちゃいます」、プレゼン前に緊張しているときは「大丈夫です。とにかく元気にやります」というように、最高のシナリオをつくって。

いちばんいい希望的観測を言葉にすることによって、イメージが描けてきます。

これは、イライラする相手にも効果的です。いつもムスッとしている上司には「部長の笑顔を見るとホッとします」、いい加減な態度の後輩には「あなた、しっかりしてるわよ」、冷たいと思う夫には「あなたがやさしいから助かる」と、現実とは真逆の希望を口にしましょう。

実際に口に出して言うのがポイント。最初は「わざとらしいかな」と思っても、意外とそうでもないもの。相手は喜んで、期待に応《こた》えようとがんばってくれます。

相手に魔法をかけるつもりで、ぜひお試しを。その前に、自分に魔法がかかって、怒りやイライラが解消され、関係もよくなっていることに気づくでしょうけれど（笑）。

22 考え方を変えて、感情の〝上書き〟をしよう。

どれだけ感情を切り替える行動をとっても、時間をおいても、「やっぱりダメ」「どうしても、引きずってしまう」ということは、だれでも経験したことがあるでしょう。布団《ふとん》にうつ伏せになって、「許せなーい！」と手足をバタバタしたくなる心境……。

こんなときは、「考え方」を変えるしかありません。

信頼していた人に、陰口を言われていたことがわかったとします。しかも、自分の秘密までばらされていたとしたら、多くの人は怒るでしょう。

「彼女を信じていたのに」「彼女のせいで、みんなの私を見る目が変わった」と、ムカムカとして怒りがわいてきます。怒りは、「防衛の一種」といいますが、同僚への防衛は、まだ終了していないのでしょう。

そんなときは、こんな質問を自分にしてみてください。

「私が本当に望んでいることはなにか？」

「秘密がもれるのを最小限に留《とど》めたい」と望んでいる人は、それを伝えたらいいでしょう。

「秘密の話だから、もう言わないで」というように。

「あんな人とは、もう付き合いたくない」というのであれば、付き合わなければいいのです。用事や仕事などで連絡する必要があれば、ごく普通に接しましょう。

「前のように仲良くしたい」というなら、うまく付き合う方法を考えることです。

どんな望みであれ、感情が収まる方向に、一歩足を進めるのです。

心に突き刺さった矢は、自分で引き抜くしかありません。

もうひとつ。「～したのに」「～のせいで」と思う代わりに、「おかげさまで～」と考えてはいかがでしょう。

「おかげさまで、簡単に秘密を打ち明けちゃいけないことがわかった」「おかげさまで、人間関係を学んだ」というように。すべては「いい経験になった」ということもできます。**どんな事象のなかにも、「おかげさま」が潜《ひそ》んでいます。**ひとつだけでも、自分にとってプラスになること、利用できることを見つけて、あとは太っ腹になって目をつぶるのです。

起こった出来事を肯定的に処理することで、怒りも整理されていきます。

それでもやはり、怒りが残るというときは、心にチクリと残る痛みと、共存していく覚悟をもつしかありません。時間が経《た》って風化したときや、自分の状態がよくなって結果オーライになったときに、初めて心から相手を許せるのではないでしょうか。

23

「なにをすればいいか」だけをシンプルに考える。

感情の整理ができない人は、ものごとを大げさ、かつ複雑に考えてしまう傾向があります。大したことではなかったことも、「問題解決」に「感情」が入り乱れ、頭であれこれ〝妄想《もうそう》〟してしまうために、イライラが募《つの》るのです。

問題を整理しましょう。

まず、いま抱えている問題は、「相手の問題か」「自分の問題か」ということ。他人のことでイライラしているのであれば、考えてもどうなるものでもありません。

「あの人の、あそこが気になる」「あんな言い方はしなくていいじゃないの」「あの言動は許せない」などと思っても、人は変えられるものではないでしょう。

もし、お願いしてどうにかなる問題であればいいのですが、ほとんどの場合、「しょうがない」とあきらめて、さっさと気持ちを切り替えるほうが賢明です。

自分のことでイライラしている場合は、「なにをするべきか」をシンプルに考えて、解決していくのみ。

たとえば、仕事でミスをして怒られ、資料を作り直さなければならなくなったとしましょう。

感情の整理ができる人は、「ＯＫ。ここだけ変更すればいいのね」ともう一度、提出して終わり。解決すべきポイントをわかって、そこだけにフォーカスしているのです。せっかくだからと今後のミス対策まで提案すれば、さらに評価が上がるかもしれません。

感情の整理ができない人は、問題解決に感情が入ってきて、なかなかシンプルに考えられません。「書類を作るのに、３日かかったのに」「上司の指示も的確じゃなかった」「信用されなくなるんじゃないかな」などと、あれこれ考え、さらに「私、この仕事、向いてないのかも」という想像にまで発展します。

つまり、**考えなくていいことを考えすぎ**。小さな問題を大きく、かつ複雑にするため、ちょっとしたことでクヨクヨしてしまいます。小さい失敗にこだわっていると、目的を見失ったり、目標を達成する前に挫折《ざせつ》したりすることになりかねません。

「やるしかないでしょう！」と単細胞的に考える人は、何度失敗しても、また立ち上がって、進んでいくだけなのです。

問題に対しては、「いま、なにをすればいいか」だけで、余計なことは考えない。目的を達成するために、「シンプルに考える」という解決法がわかっていると、頭が混乱したときにやるべきことも、感情も整理できてきます。考えすぎは、よくないのです。

24 「問題」と「感情」を分けて考える。

もう少し、「問題」と「感情」を分けて考える、という点について説明しましょう。

「問題」と「感情」というのは、別の次元のものです。

問題を解決するためには、ネガティブな感情は不要。感情の整理ができない人は、どうしてもごっちゃになり、同じ次元で考えるクセがあるのです。

つまり、問題解決に感情がくっついてきてしまう、ということ。

人間ですから、もちろん感情に振り回されることはあります。

私も旅行中にスマートフォンをなくし、「あぁ、どうしよう」とがっくりしたことがあります。遊びに行く気にもなれず、荷物をひっくり返して探すものの、どこにもない……。

しかし、やるべきことはそれほどなく、はっきりしているものです。ありそうな場所をリストアップして確認（それでも、なし）。スマホの「スマホを探す」機能で探す。それでも見つからなかったら、契約しているスマホの会社に連絡して利用を止めてもらい、連絡をくれそうな人には「連絡するときは、パソコンにメールしてね」と、こちらからメール。

これで「やることはやった」と思えたら、気分もずいぶん落ち着いてきます。

スマートフォンが見つかるか、新しいものを買うまでは、しばらく不便ですが、しようがない。こんなときは、「スマホに縛《しば》られない旅もいいもんだ」というように、とことん都合よく考えて、「これでいいのだ」と、感情に言い聞かせるのです。

感情が整理できない場合は、「どこに置いたんだろう」「私ってどうしてこうなんだろう」と、不毛な感情をだらだらと引きずり、さらなる不運を引き起こしてしまいます。問題を解決するには、**いったん感情を切り離して、「どうしたらいい？」と解決の方法だけにフォーカスする**こと。そして、やるべきことをやったらよしとすることです。

仕事も生活も人間関係も、つまるところ感情の問題。自分の気持ちをどう心地よくするか、うまくいかなかったら感情をどう立て直すか、ということに尽きます。

「そうはいっても、そんなに簡単に感情を切り離せない」という人もいるでしょう。

わかります。たとえば仕事でのトラブルは、「だれの責任なのか」「〜すればよかった」など、さまざまな感情が混ざり合って、問題が見えにくくなっていることがあります。そんなときは「どんな結果に落ち着いたらいいのか」という目標をはっきりさせると、解決の方向が見え、感情も整理されていきます。

いつも感情をすっぱり切り放せるというわけではありませんが、「問題解決と感情を分ける」という心がけ次第で、問題が解決する時間と、感情が回復する時間は、ぐぐっと短縮されるはずです。

25 「好き嫌い」を減らす。

人は、好き嫌いで他人を判断するものですが、好き嫌いがはっきりしすぎているのも考えものです。

友人で、「好き嫌い」の激しい女性がいます。悪い人ではないのですが、とにかく嫌いな人が多い。うわさ話が好きで、「アイツ、最低な男よ」「あの人、能力もないのに威張るから嫌い」などと嫌悪感を表し、自分で「あー。思い出すとムカついてきた」なんて言っています。

パーティに行くと、好きな人には、とことん友好的なのに、嫌いな人は「あの人とは話したくないから、あっちに行きましょう」と避け、話しかけられると、あからさまにそっけない態度。相手も嫌な気分になるでしょうが、本人がいちばん面倒な思いをしているはずです。

好き嫌いが多い人は、「これが私のキャラ」と開き直り、「はっきりしていることは、いいことだ」と思っているようですが、やはり損です。

嫌いな人とも話してみると、おもしろい話が聞けるかもしれないし、助けてもらうことがあるかもしれない。最初から拒絶しては、もったいない。

職場に嫌いな人がいると、さらに面倒くさいことになります。嫌でも付き合わなければいけないため、イライラは募ります。「嫌い」ではなくて、「苦手な部分がある」くらいに考えて接したほうが、ストレスは少ないし、いいこともあるでしょう。

また、自分のなかに「上司とは～であるべき」「男は～でなければならない」という固定観念がある人も、イライラしやすいはずです。

「～が正しい」という正論、「普通は～でしょう」「常識でしょう」と常識論をもち出す人も、イライラしやすいのではないでしょうか。

しかもこういう人は、自分の考えはみんなの共通認識と思っているため、イライラを正当化するから、やっかいです。「彼氏なら普通、～してくれるでしょう」などと、堂々と言って、相手をイライラさせます。

でも、これらは自分の「思い込み」であることが多く、視野を狭くしているのです。思い込みが激しい人は、心がカチカチに凝《こ》り固まり、頑固な性質になりがちです。

自分の期待からはみ出た人は、ごまんといるのですから、いちいち「イヤだ」「許せない」とイライラしていたら、身がもたないでしょう。「自分にはまだまだわからないことがある」「そういうこともありか」と目線を低くして、心の弾力性をもちましょう。好き嫌いにとらわれず、世の中を興味深く観察してみると、新しい発見や学びがあるものです。

26

〝自分軸〟がないと、感情を整理できない。

大人になるということは、多少のワガママが許されるということだと思うのです。

「カラオケは苦手なので、歌は勘弁してください」「私、中華よりイタリアンのほうが好きなんです」などと言うと、そういう人として扱ってもらえます。言える立場かどうかということもありますが、後輩の立場でも、言い方次第では、「ハッキリしていて、いいじゃない」と思われることもあります。

〝自分軸〟をもっている人は、「これがしたい」「これが好き」と、自分がなにを望んでいるか、どうすればいいかを知っていて、そのライン上で生きているため、さほどストレスはなく、感情の整理もしやすいものです。

たとえ、予想外のプレッシャーを与えられても、「やれるだけやります」と毅然《きぜん》とし、できないことは、「それはちょっと難しいですね」とやんわり断る術《すべ》も知っています。

問題なのは、自分軸のない人です。「みなさんに合わせます」「どっちでもいいです」と、周りに気を遣《つか》ったり、合わせたりすることを行動の基準にしているため、自分がなにを望んでいるのかさえもわからなくなっていることがあります。どうしたらいいのかが見えないため、周りに振り回され、絶えず不満やイライラを抱えることになります。そして、うまくいかないと、人のせいにしたり、自己嫌悪に陥《おちい》ったりすることも。

つまり、**自分軸をもって主体的に考えないと、感情の整理はできない**のです。

働く女性の多くが、どこか疲れているように見えるのは、周りに合わせようと、がんばりすぎるからかもしれません。仕事のプレッシャーもありますが、空気を読みすぎて、自分で「こうでなければ」と、完ぺきを目指したり、理想を高くもちすぎたりしていることも考えられます。真面目《まじめ》で意欲があるほど、周りとの軋轢《あつれき》に疲れてしまうのです。

私も、以前、新しい職場に移ったとき、なんでも先輩に合わせたり、みんながが残業していると気を遣って、仕事がなくても残業したりしていました。そして、すっかりヘトヘトに。

ところが、半年後に入ってきた新人は、仕事が終わると「お先に失礼します」とさっさと帰り、仕事は自分の得意な分野でアピール。できない部分は、「私ひとりでは難しいので、手伝ってもらえますか？」とはっきり主張。それでも十分許されていて、「これでいいのか！」と気づかされたのです。

自分がのびのびとできる状態は、自分でつくるもの。まずは、胸を張って堂々と、ひとつでも自分の気持ちを伝えることから始めてみてはいかがでしょう。正直になれば、お互いの距離も縮まるはずです。

27 ひとり時間で、感情の整理をする。

私たちは、人と一緒にいる以上、必ず、行動と感情の制約を受けています。

仕事をする人間であること、友人であること、親や子どもであること、妻・恋人であることなど、意識はしていなくても、それにふさわしい行動をとろうとしているでしょう。

どんなに仲のいい友人と楽しくしていても、家族でリラックスしていても、毎日24時間一緒にいると、やはり疲れてきます。

だから、1日のわずかな時間でもいい。すべてから解放されて、ひとりになる時間が必要です。子育てなどで、ひとりにはなれないという人ほど、寝る前や早朝など、15分でも20分でも自分の時間をつくったほうが、人にやさしくなれるというもの。

特に、忙しく過ごしている現代では、時間的な余裕のなさがイライラの原因になっていることが多いものです。「あれもこれもやらなきゃ。あー、時間が足りない！」と、絶えず追い立てられるように緊張している人は、ふっと気を抜く時間をつくったほうが、感情を立て直すことができ、生産性もよくなります。

ひとりの時間は、感情を解放して自分と向き合う時間でもあります。

心の声に静かに耳を澄ませて、「どんな調子？」「大丈夫？」と問いかけてみるといいでしょう。「イライラする」「気分がすぐれない」「やる気にならない」など悪い感情が残っているときは、「なにが原因なんだろう？」「最近、がんばりすぎなんじゃないかな」「だれかに話を聞いてほしいのかも」などと、対話するように、感情と向かい合ってみるのです。

感情は、いつも「わかってくれー」と訴えていて、それを無視すると暴れ出します。

自分の感情を認めると、いま自分のために、なにが必要かもわかってくるはずです。

ひとりの時間は、自分を喜ばせる時間でもあります。ぼーっとするのもいいし、スケジュールを立てたり、本を読んだりするのもいい。夜、セルフマッサージをしたり、パックをしたりするのもいい。**自分をかわいがる時間が女性には必要**なのです。

私が最近気に入っているひとりの過ごし方は、音楽を聴きながらの半身浴。自分の感情にとことん寄り添った曲を聴くと、すっきりし、自分の本音に気づかされることがあります。

そして、どんなに悲しかろうと、怒っていようと、スランプであろうと、そのいちばん下には、やはり立ち上がって進んでいこうという、生きる力が存在しているのを感じます。

自分を信じて前に進んでいくためにも、ひとりの時間は大切なのです。

28 ないものねだりしない。

ときどき、「こんなはずじゃなかった」というコメントを聞くことがあります。

独身の人は、「私は、30歳になったら結婚して、子どものひとりでも育てている予定だったの。それが、いまも相変わらず夜遅くまで仕事をしていて、結婚どころか恋人もいない。人生って、うまくいかないものね」。

結婚している人は、「結婚がバラ色なんて、嘘《うそ》よね。毎日、子どもとダンナの世話に縛られて、私の人生、どこにいっちゃったんだろうと思うわ。辞めた会社では期待されていたから、結婚していなかったら、いまごろ課長ぐらいにはなっていたはずよ」。

いまの状況が受け入れられず、ため息をつく女性たち。

でも、それは自分で選んできた道。人はみんな「思った通り」になっているのです。

結婚できないと嘆く人も、相手に妥協したり、自分を偽ったりするよりも、結婚しないほうがいいと選んでいる。結婚した人も、仕事を捨ててでも、いまの状態を選んだということ。自分が希望して手に入れているものなのに、それが日常になって、そこにあると、別な世界をうらやましがり、「あたりまえ」のなかにある価値に気づかなくなってしまう。その感覚が麻《ま》痺《ひ》してしまったら、入社したとき、結婚したときの原点に立ち返ってみてはいかがでしょう。

おそらく、自分の状況に不満な人は、どんな状況になっても不満を言い続けるし、反対に、「自分は幸せ」と言う人は、どんな状況であっても、「幸せ」と言うのです。

幸せはどんな状態にあるかではなく、心の受け止め方の問題。独身の人は夜遅くまで友だちとおしゃべりできること、なんの気兼ねもなく自由に欲しいものを買えること、自分の仕事を極めていけることなど、いまの立場だからできることがあります。

結婚している人は、経済的、精神的に支え合える相手がいること、家族が増え、共に生活を楽しむことや世界が拡がることなど、やはり、その立場でしかできないことがあります。

わざわざ自分に「ないもの」と、他人に「あるもの」を比べるよりも、自分のなかの「あるもの」に目を向けられたら、だれだって幸せになれるはず。「もし～だったら」などと下手《へた》な妄想をして、自分で自分を苦しめることもなくなるはずです。

自分の置かれた、**その場所その場所で、自分自身の喜びを見つけていくことが、幸せへの近道**ではないでしょうか。

あたりまえにある幸せに、目を向けることを怠《おこた》ってはいけないのです。

29 「人は変われる」と信じる。

「よーし。今日からダイエットをして、きれいになる！」と宣言してがんばっても、1週間経つと、ヤケ食い。「これからは、彼を責めてケンカするのは、やめよう」と思っても、すぐにケンカ。「これからは、計画的に仕事を進めよう」と思っても、すぐに、もと通りバタバタ。自分を変えようと思っても、変えられない。

つくづく、「人間って変われないのかしら」と自己嫌悪に陥ることもあるでしょう。

それは、頭では「変わろう」と思っても、感情が「変わりたくない」と訴えているから。人間はなりたいようになっているもの。自分がしたくない選択をするわけがありません。

感情が「変わりたくない」と訴えるのには、必ず理由があります。

まずは、慣れたことをやっているほうがラク。それから、変わるのが怖い。これをやって成功する保証はない。そんなに効果はない。そもそも変われないのでは。やりたいようにやりたい……と、総合的に判断して、感情は「変わるのはヤダーッ」「こっちのほうがいい！」と訴えているのでしょう。

感情をその気にさせるためには、「意志」と「工夫」が必要です。

「自分を変えられない」というのは、性格的な問題だと思われがちですが、実際は意志の問題です。いつも遅刻する人が、「これ以上、遅刻したら罰金1万円！」と言われたら、毎日、時間通りに来るかもしれません。「どうしてもこれだけはやろう」と思えば、人間、変われるものです。そのイメージを繰り返し思い出したり、紙に書いて目に見えるところに貼《は》ったりするのも、少しずつ行動を変える一助になるでしょう。

いつもやってきたパターンを変えたり、新しいことをしたりするのにはエネルギーを要します。それをやりきるためのリスクを覚悟することも必要です。

それから、「どうしたら、できるのか」工夫をすること。うまくいかなかったら、何度でも方法を変えてみるのです。ハードルを低くして小さな成功をつくって、「やれるじゃないか、私」と感情に自信をつけさせるのもあり。

私がよくやっているのは、うまくできている人を真似《まね》ること。「あの人だったら、どうするか」と、なりきって行動してみるのです。一足飛びに変われるものではありませんが、少しずつ、少しずつ、近づいているような気がしています。

なにより**「人は変われる」「成長していける」と信じることが、いちばん大事**なのかもしれません。

第三章

不機嫌にならない女《ひと》

30 不機嫌な人には、悪いことが起こりやすい。

イライラして不機嫌になっても、いいことはありません。

ここではまず、イライラが整理できない人は、どんなに損をするかをお伝えしましょう。

たとえば、通販で送られてきた商品の色が、自分の考えていたものとちがったとします。調べてみると、どうやら、自分の注文がまちがっていたのが原因。

「返品するのも面倒だし、自分で使うしかないか」と考えたものの、「あーお金の無駄使いしちゃった」「よく確認すればよかった」とイライラ。

子どもが騒ぎ、部屋中を散らかしていると、さらにイライラします。「どうして、いつも散らかすのよッ！」と子どもを必要以上に叱《しか》って、泣かせ、さらに自己嫌悪。

こんなときに、友人から電話があってもうわの空。早めに電話を切ったあと、「あれ、今度、うちに来るって言ってたけど、何日かメモしてなかった」と、折り返し電話しても、留守電。「なんで、出ないのよ」と、さらにイライラは募《つの》ります。

その日にやろうと思っていたことがたくさんあったのに、すっかりやる気をなくし、夕食の献立を考える気力さえなくなり、「今日は、外食にしましょう」と破れかぶれ。

そして、「あー。また、無駄な出費をしてしまった！」。

イライラすると、その悪感情にとりつかれ、落ち着いて現実を見られなくなります。現実を楽しむ余裕さえもなくなり、集中力も欠けてしまいます。

イライラが原因で余計なことを口走り、人間関係にひびが入ることも。

イライラは、なんのメリットもなく、さらに悪い現実、悪い感情を引き起こします。

まずは「感情は自分で選んでいるもの。自分に責任がある」と認識したほうがいいでしょう。

通販の商品の色がちがっていても、「自分でまちがったんだから、しようがない。この色もなかなかいいじゃないの」「○○さんに合いそうだから、誕生日にプレゼントしようかしら」などと切り替えられたら、さほどイライラもしないでしょう。

そうすれば、子どもに当たることもないし、友人との電話も楽しめるし、「さあ、今日はおいしいものを作るわよ」と張り切って料理もできるというもの。

イライラを引きずらず、どこかで切り替えることが必要です。より穏やかな感情をつくっていくために。周りとのいい関係をつくっていくために。

イライラしていたら、我に返り、「ストップ！」と声に出してみようではありませんか。

31 不機嫌な人は、幼稚に見える。

以前の職場に、いつも不機嫌な女性がいました。

朝、「おはよう！」と言っても、顔をチラッと見て、無表情にあいさつするだけ。

頼みごとをしても、「え？　私も忙しいんですけど」と嫌そうな顔で、しぶしぶ。会議のときは、ムスッとしているからなにを考えているかわからない。だれかがミスすると、「困るんですよね。ちゃんと責任とってください」と怒り出す。彼女がイライラし、ブツブツ言っていると、みんな「なにかあったかな？」「自分じゃないよね？」……と凍りつく状態でした。

仕事はできたのに、もったいないことです。

不機嫌な人は、不機嫌が許される状況だから、不機嫌でいられるのです。周りが自分の機嫌の悪さを察してくれるだろう、という甘えがあります。**「どうしたの？」と聞いてくれるのを、無意識に待っている**のかもしれません。

でも、他人は、そんなにやさしい人ばかりではありません。

多くは、不機嫌な人を「できるだけ避けたい」と思います。

私たちは理屈抜きに、明るくて機嫌のいい人が好き。不機嫌な人は好きになれないのです。

人間関係のほとんどは、単純に「好き嫌い」の感情で動いています。

同じことを言っていても、好きな人の意見には賛成したいし、嫌いな人の意見には、頭で「いいアイデアかも」と思っても、なかなか素直に賛成できません。

それが人間の感情というもの。

好きな人であれば助けたい、情報も与えたい、応援したい、一緒に仕事をしたいと思い、多少の失敗も「大丈夫よ」と許そうとします。

先の彼女も、ベテラン社員だったので不機嫌でいられたのですが、フリーランスや営業であれば、嫌われると仕事がなくなるでしょうし、社員であってもスムーズなキャリアアップは望めないでしょう。

それに**不機嫌な人は、どんなに仕事ができたとしても、幼稚に見えてしまうもの。**

嫌なことをすぐに顔に出したり、少しのことでうろたえたり、人のミスを非難したりする姿は、精神的な学習をなにもしてこなかったのかとさえ思われてしまいます。

気をつけましょう。不機嫌な人は、愛されず、信頼もされないのです。

32 不機嫌な人は、幸せになれない。

Jさんは、アパレル関係の会社を自分で立ち上げ、5人のスタッフと忙しい毎日を送っていました。業績も順調に伸び、いよいよこれから新しい事業展開をしようという矢先、大変なことが起こりました。

スタッフが全員、会社に来なくなったのです。

「今日は大事な日なんだから、来てくれないと困るでしょう！」とひとりひとりに電話しても、「もう、イヤです」と言って電話を切られ、ついには着信拒否。

「どうしてこんなことになったのか」と考えると、その理由は明らかでした。

Jさんは、いつもイライラして、みんなを叱っていたのです。

「なぜ、こんなこともできないの！」「会社が忙しいんだから、休日出勤するのは当然でしょう」と、自分の都合ばかりを押しつけ、自分の「年商1億円の会社をつくる」という夢に、スタッフを付き合わせていたのです。

Jさんは、ひとりでは、なにもできないということを思い知らされたといいます。

会社の業務は立ちゆかなくなり、Jさんは会社を閉めることになりました。

数年後、また会社を起こしたJさんは、怒ることはまったくなくなりました。代わりに始めたのは、いつも「ありがとう」と感謝の気持ちを伝えること。自分の周りにいるスタッフの夢を叶《かな》えようとすることです。「アクセサリーの制作をやりたい」と言うスタッフ、「バッグのデザインをやりたい」と言うスタッフなど、夢と能力をもっている人に会社に入ってもらい、自分の夢を手伝ってもらう代わりに、スタッフの夢を、社内でサポートしていこうと決めたのでした。

Jさんの新しい会社は創業から5年、スタッフは、ほとんど辞めていないそうです。スタッフは自分から積極的に働き、心からJさんを慕っています。

自分の都合でイライラして人に当たるのは罪です。嫌われて、人の恨《うら》みを買うことになります。なにかしたいとき、困ったときに自分から力になってくれる人もいません。

成功しても、一緒に喜んでくれる人もいないでしょう。

「自分ひとりではなにもできない。人から助けられている」と、周りへの感謝があれば、それほどイライラすることはないはずです。

人への怒りやイライラは、憎しみになって返ってくる。感謝は愛情になって返ってくる。与えたものは恩になって返ってくる。人間関係の普遍の法則なのです。

33 待ちの姿勢だと、不機嫌になる。

「待つ」という態勢は、私たちをイライラさせるものです。

「連絡が来るのを待つ」「夫の帰宅を待つ」「結果発表を待つ」「病院で診察

の順番を待つ」……。急いでいるときは、電車が来るのを待ったり、信号待ちをしたりすることさえ、イライラするでしょう。

待つことをイライラした時間にしないためのひとつの方法は、待たないことです。

つまり、「相手を待つ時間」ではなく、積極的に「自分の時間」にしてしまうこと。

たとえば、私の待ち合わせの場所は、大抵、本屋さん。これで1時間ぐらいまでは待たされてもＯＫ。「今日は、旅行関係の本でも見ていようかな」と軽い課題を設けて、つい熱中してしまいます。「申し訳ない。遅くなる」と電話があっても、「気にしないで。どうぞ、ごゆっくり」、相手が来たら「えー、もう来たの？　私もちょうどいい本を見つけたところ」などと言えます。これで、相手の罪悪感もとり除いてあげられます。

イライラしないためには、「ちょうどよかった！」とつぶやいてみるといいでしょう。

たとえば、数十分の待ち時間なら「ご無沙汰《ぶさた》している人にメールをする」

「休日の予定を考える」「街角ウォッチングをする」など、楽しい有効利用が見つかるかもしれません。

でも「ちょうどよかったとは思えない」ということもありますよね。

たとえば、「恋人からメールの返信が、もう3日も来ない」というとき。1日に何度もメールチェックしては、がっくりと肩を落とし、時間が経《た》つにしたがって、さらにイライラ。「なにかあったのかな」「嫌いになったってことはないよね」という不安から、だんだん「メールなんて1分で打てるじゃないのよ」という腹立たしさに変わっていきます。

そんなときも、「ちょうどよかった」はあるのです。

「これを機に、メールのマメさで愛情を測るような幼い付き合いから脱皮しよう」

「それだけ私に甘えてくれてるってことね。次にメールが来たら相当うれしいだろうな」

恋人を待つ切なさも恋の醍醐《だいごみ》味ですが、待つのは忍耐力を要します。イライラが大きくなると、恨みがましい物言いになるので、できるだけ楽観的に。

結果を期待して待つことも、ひとつの作戦です。遠足を待ってイライラする人はいないでしょう？　うまくいったときの喜び、待つのが終了したときの安堵感《あんどかん》を想像して。

私は、待ちたくないために、いろいろと積極的な工夫をしているのですが、逆に考えると、待つという不安に対して、それだけ臆病《おくびょう》だということかもしれません（笑）。

34 いい人でいようとするから不機嫌になる。

仕事では、いろいろなことを期待されます。

会社であれば、真剣さや熱意、責任感、協調性などが要求され、「ここでは積極性が問われる」「確実さがなければいけない」「営業ノルマを達成しなければ」ということもあるでしょう。

「いい部下」「いい後輩」「いい先輩」「いい社員」……そんないろいろな**期**

待にすべて応《こた》えようとがんばると、疲れてしまうはずです。

私も、そんなことがありました。特に、初めて役職が与えられたときは、部下から尊敬され、慕われる上司、会社からも認められる管理職になろうと必死にがんばり、毎日クタクタ。部下は期待通りに動いてくれず、自分も理想の上司になれないことで、イライラは慢性化していきました。

いま思うと「いい人でありたい」「嫌われたくない」という気持ちが強かったのです。裏を返せば、そのままの自分がどう思われるか、自信がなかったのだと思います。

でも、未熟な部分を見せてもいい、むしろ見せたほうが周りから助けてもらえるということも、いまならよくわかります。

役割や仕事を与えられたとき、「人の期待に応える」ということは大事です。相手の期待を1％でも超えることで相手は喜び、信頼してくれるようになります。すべての期待に応えるのではなく、「ここだけは期待に応えよう」というポイントを押さえればいいのです。**できない部分は、素直に「ちょっと難しい」「助けて」と言っても大丈夫。**

よき社員、よき恋人、よき妻、よき子ども、よき友人……、相手にとってのいい人であろうと無理をしたり、言いたいことを我慢したりして、がんばりすぎてしまう人は多いもの。相手の気持ちに応えて、いろいろな役割を全《まっと》うしようとするあまりにくたびれ、無理を重ねると、プッツンと糸が切れたように、「もう、いい人でいるのはやめた」ということになりかねません。

自分が演じてきた「いい人」の役を見直して、「できていないところもあるけれど、やるときはやる人」の役に、変えてみてはいかがでしょう。

「自分がやれるだけはやる」でいいではありませんか。成長しようとすることは大事ですが、できるだけ自然体でいられる人間関係を目指しましょう。

それに、無理をして「いい人」の仮面を被《かぶ》ろうとしても、演じきれるわけではなく、どこかで素《す》の自分は出てきてしまうものですから。

35 多くを求めすぎない。

休みの日は、日ごろやりたいと思っていたことや雑事など、なにかとやることが多いものです。貴重な1日を充実して過ごしたいと思うでしょう。

私も、休みの日をどう過ごそうかと、いつもワクワクしています。

そして朝7時に起きて、洗濯と掃除をし、メールの返信をして、9時には出かける。前から観《み》たかった映画を観る（上映時間をネットでチェック）。ランチはパスタがおいしい、あのカフェにしよう……などと、あれこれ予定を立てます。

これがうまく達成できれば、しみじみ充実感。

しかし、休日の予定はそんなにうまくいくものではありません。

まずは休日の朝7時に起きるというのが無茶な話で、なぜか寝過ごして、起きるのは8時過ぎ。「洗濯と掃除はパスしよう。あの人にメールも送らなきゃいけないけど、ま、いいか」と妥協しつつ、9時に出かけることを最優先。ふと、外を見ると雨が降っていて、前日、着ていこうと決めていた白い服は変更。雨モードの服をあれこれ迷って決め、「この服を着るんだったら、靴はあれかな」と押し入れにしまい込んだ靴を探し始め……と、かなり焦《あせ》りつつ、目標達成のために必死に闘っています。時間は刻々と過ぎ、結局「やーめた！」ということに。すっかり投げやりになって、午後はダラダラ。寝るときに、「あぁ、貴重な1日を無駄にしてしまった」と、失望感を味わうことになるのです。これじゃ、なんのための〝休日〟なのか……。

ということで学習した休日の過ごし方は、基本的に「なにもしない」。予定は入れても、ひとつかふたつ。あとの予定は、その日の気分で決めて、その気になったら、これをやってもいいかな……などとゆるく考えていると、気分よく過ごせます。

ウイークデイの過ごし方もそうで、あまりにもキツキツに詰め込んでしまうと「まだ終わっていない」と焦り、うまくいかないとそのたびにイライラすることになってしまいます。

人生に意欲的に取り組んでいる人ほど、ついついスケジュールをいっぱいにしてしまう傾向がありますが、欲張りすぎず、優先事項を大事にして、ときには**「やらなくてもいいことはやらない」**と、ばっさり切り捨ててしまう勇気が必要かもしれません。

すべてにいえることですが、「やらなきゃいけない」とがんばるより、「もうちょっとやってみよう」と進めていく姿勢のほうが意欲はわき、ずっと楽しいと思うのです。

それでは次の項目から、イライラの対処法をお伝えしましょう。

36

ユーモアと笑いで、イライラを撃退しよう。

笑いのある職場、笑いのある家庭、笑いのある仲間……。こんな環境なら、毎日が楽しく、多少マイナスのことがあっても、そう簡単に壊れずに、よい関係が続いていくのではないでしょうか。

職場は、「笑う場所じゃないだろ！」という雰囲気があることが多いものですが、これまで見てきたかぎり、みんなが笑い合っている職場は、明るいだけでなく、活気があって仕事に意欲的。助け合いの精神が溢《あふ》れていて、なにか問題があってもお互いにサポートする態勢ができています。

笑いがあまりない職場は、元気がなく、ギスギスした人間関係。なにかあると、だれかの責任を追及したり、深刻になったりしてしまう傾向が。笑いのある職場は、笑いのない職場より、売上や生産性が2～3割高いという研究結果もあると聞きます。

「笑う門には福来《きた》る」というように、お腹《なか》の底から笑うと、一気にイライラを吹き飛ばし、上機嫌になれます。ゲラゲラ笑ったあとは、緊張が和《やわ》らいですっきりし、「あれ？　なんのことで怒ってたんだっけ」ということも。

笑うと心に余裕が生まれて、現実を大きな気持ちで受け止められます。

人間関係でも、**一緒に笑い合えば瞬時に仲良くなれます**。笑いは、その場に〝潤《うるお》い〟をつくってくれる、潤滑油のようなものかもしれません。みんな求めているはず、笑い合える関係を。

こんなに笑いは人生に必要なものなのに、意外と重視されていないという事実。

職場にどんどん、笑いとユーモアと持ち込んだらいいでしょう。ただし、まずTPOだけはわきまえて。「そんなに楽しいことはない」と言うなら、まずは、人とあいさつするとき、話すとき、にっこり笑顔になることをお勧めします。そして、口角《こうかく》を上げたつくり笑いでもいい、「楽しい！」「おもしろい～」などと口に出していると、自然に浮かれた気分になってくるもの。笑顔で不機嫌を続けるのは、至難の業《わざ》でしょう？

笑っていると、不思議と日常のなかから、「なんだか笑える」ということが発見できるようになってきます。自分の失敗も「ふふっ」と笑えるようになります。楽しいオーラが漂い、笑いは他の人にも伝染していきます。

笑いやユーモアは、ネガティブな沼に陥《おちい》らないための人間の知恵であり、「悪感情に簡単に汚染されない」というプライドを守るようなものかもしれません。

「なぜ人間だけが笑うのか。それは、たぶん、人間だけがあまりに深く苦しむので、笑いを発明する必要があったのだ」（ニーチェ）

37 自分のイライラポイントに気づく。

以前、友人のAさん、Bさんが、共同生活をすることになりました。気持ちよく共同生活を送るために、最初から「掃除は当番制」「人を家に呼ぶときはお互いの了解を得てから」「必要のない電気のスイッチは切る」など、細かくルールをつくって壁に貼《は》り、楽しくやっているように見えていたのですが、この共同生活は半年ももちませんでした。

原因は茶碗洗いです。帰宅時間がバラバラなので、別々に食事をとることが多かったのですが、Aさんは食事をしたあと、すぐにお茶碗を洗うタイプ。一方、Bさんはしばらく水につけておくタイプで、そのまま朝まで放置することも。Aさんは当初、目をつぶっていたのですが、ある日「ねぇ、すぐに洗おうよ」と注意したところ、口ゲンカになり、そのまま険悪な状態に突入。数日後、「もう、やめましょう」という結論に。

いえ、茶碗洗いはきっかけにすぎず、それぞれ、日ごろからたまっていた鬱憤《うっぷん》があったのです。Aさんは Bさんに対して、茶碗洗いだけでなく、洗面台の後始末が気になる、テレビの音がうるさい、共有スペースに私物が多いなど、多くのイライラを抱《かか》えていました。Bさんは Bさんで、Aさんが私的なことをやたらと詮索《せんさく》する、お金に細かいなどの不満があったのです。

何度も書きますが、人間は自分に甘く、他人には厳しいものです。

自分基準で相手を見て、イライラします。

「この人は、どうしてこうなのだろう」と相手を否定しているかぎりは、まるでパブロフの犬のように反射的に、同じことですぐにイライラするようになります。

ひどいときは、相手の顔を見ただけで、茶碗洗いのイライラが思い出されるほど。

本当に耐えがたい人に遭遇した場合は別ですが、「仲良くやっていきたい」という気持ちがあれば、「それほど気にすることじゃない」と思う心がけは有効に働きます。この相手への否定を緩和できるかどうかが重要な分岐点。大目に見ようとすると、だんだんその状態にも慣れてきますが、それができないとイライラはさらにひどくなっていきます。

イライラするポイントは人それぞれ。待たされること、礼儀がなっていないこと、食べ方が汚いこと……。相手にどの程度、好意をもっているかも関係してくるでしょう。

相手がなにを大事にしているか、なににイライラするかを知って対処することで、人間関係もスムーズにいくようになります。「私、こういうところにイラつくのね」と自分の性質を知っておくと同時に、「自分にも至らないところがある」と謙虚になることも大事かもしれません。イライラはかなり撃退され、防御もできるはずです。

38 小さなことにこだわらない。

イライラしているときは、なにかにこだわっていることが多いものです。

たとえば、人間関係のイライラ。

職場にはうるさい上司がいたり、できない同僚がいたり、自分だけ目立とうとする後輩がいたり……。いろんな理由でイライラするかもしれません。

でも、職場は仕事をするところ。管理職にまでなりたいという人もいるでしょうし、ここでスキルを身につけて転職したいという人、とにかくお金さえもらえばいいという人、それぞれの目的があるでしょう。

その目的をしっかり見つめて、自分の仕事をしっかり全うすれば、それでいいのです。

原点に返りましょう。

嫌な人がいようといまいと関係ない。ただし、礼儀だけは尽くして、自分が人を傷つけたり、迷惑になるようなことをしなければ。

生活のなかでも、小さなことにイライラすることがありますね。

たとえば、久しぶりに友だちに会って楽しみたいと思っていたのに、店の選択をまちがったことでイライラしたり、観たかったドラマの録画予約をしてくるのを忘れて、いつまでも引きずっていたり、友人のちょっとした価値観のちがいが気になって、「私はそうは思わない」と口をはさみ、重苦しい空気になったり……。

とにかく「今夜はおしゃべりを楽しもう！」と思っていれば、その場では小さいことは抜き。シンプルに笑い合って、楽しく過ごすことだけを考えればいいのです。

仕事のなかでも、小さなことにこだわって、本来の目的を見失ったり、力を入れるポイントがズレてしまったりの、「木を見て森を見ず」ということは、よくあるものです。

仕事での小さな失敗も、仲間との意見の食い違いも、ひとつの目的を達成するための過程と考えれば、それほど固執《こしつ》する必要がないことに気づきます。

ある外国船の船長が言っていたのは、「生死に関わる以外のすべての問題は小さい」。船上では、生命の危機がいつもどこかにあるもの。それ以外の問題を「小さい」と考えることで、落ち着いて、問題に取り組んでいけるのでしょう。

人生の大きな目的の下で、でっかく生きましょう。

目の前の問題は、意外とちっちゃいはずです。

39 厳しさも度を超えると、イライラする。

インターネットで、「いちばんイラッとすること」というアンケートがありました。

3位は「遅刻されること」、2位は「会議中に携帯電話が鳴ること」、そして、栄えある（？）1位は「相手がタメ口になること」だそうです。

日本人は意外とくだらないことで、イラッとしているのかもしれません。他人と意見が合わないとか、批判されたとか、ミスしたとかではなくて。

日本人は時間や礼儀に厳しい国民だといわれますが、時間に関しては、かつては大らかだったという説もあります。明治初期、科学技術を伝えに来たオランダ人は、時間を守らない日本人のルーズさに困り果てていたとか。30分ぐらいの鉄道の遅れや、工場での労働者の遅刻はあたりまえ。そこで、大正期には政府が「時の記念日」を制定し、国を挙げて時間を守ることに尽力。浸透したのは昭和初期といいます。

先日、あるマナー講師とご一緒したときも、時間やマナーのルーズさが我慢ならない様子。レストランで「注文をとりに来るのが遅い」、デパートで「店員のマナーがなっていない」とイライラを表し、「ここには二度と来ないわ！」と怒り心頭でした。そんなにイライラしていたら、寿命が縮まってしまうのではないかと心配になるほど。

時間や礼儀に厳しいのは、日本人のすばらしい点です。期待に応えてくれる確実性や、相手に対する心配りは、ほかに類を見ないでしょう。

しかし、日本人自身は、いつも漠然《ばくぜん》としたイライラを抱えているようです。

並々ならぬ努力をしてレベルを上げ、経済成長や意識の高さに結びつけてきた一方、それが裏目に出ると自分や他人を追い込み、機嫌のよさや幸福度を阻害《そがい》している、ということもできます。

幸福度が高いといわれる国は、よくいえば「大らか」、悪くいえば「いい加減」なところがあり、私もそれは現地で実感してきました。笑顔が多く他人に対しても寛大。ほとんどの問題は、あっけらかんと「ノー・プロブレム！」で済んでしまいます。

「幸福度」と「厳格さ」は、反比例しているようなところがあります。

厳しさをもつ部分も大切ですが、イライラがひどくなりそうな〝イライラ限度ライン〟を意識し、それを超えそうになったら、「まぁ、いいじゃないか」とゆるく構えることも必要かもしれません。自分には〝開き直り〟、他人には〝太っ腹〟で。

40 ちゃんと準備をする。

ものごとがうまく進まず、イライラする原因のひとつとして、単純に〝準備不足〟ということがあります。

たとえば、商談のために、あるホテルの喫茶店に向かったとします。

駅からすぐと聞いていたのに、意外と遠い。どこかで道をまちがったのか、それらしいホテルが現れない。だれかに聞こうにも道を歩いている人もいない。イライラして、涙が出そうになるかもしれません。

完全に遅刻だから、商談相手に連絡をしようとすると、「あーッ、電話番号がわからない」。そして、なんとかたどり着いたホテルで、ムッとした表情の相手に平謝りになって気づくのです。「あ、名刺入れを忘れた……」。

これらは、いうまでもなく、準備不足と時間の余裕のなさが原因です。

イライラしないためには、うまくいったときの状態と、そこに行きつくまでの段階をシミュレートして必要なものをそろえることですが、それだけでは落とし穴が待っています。「こんな問題が起きたら、どうする?」と、できるかぎりの危機を想定して、対策を練っておくことが大事。

このツメが甘いと、「まさか……」という事態が起こり、慌《あわ》てることになります。

これは、人生のプロジェクトにもいえることですが、やることが実現しない、長続きしない、途中でなにかの壁にぶつかる……というのは、シミュレーションと危機管理を怠《おこた》っていることに原因があります。

行きあたりばったりで、なにも考えずに始め、「あーあ、ダメだった」「うまくいかないものね」という挫折《ざせつ》が繰り返されると、挫折グセは身にしみついていきます。

「これだけは、ぜったいにうまくいかせたい」という願望であれば、「こうなるだろう。そのためには……」と先を読んで、とことん対策を考えてみること。そうすれば簡単にダメになることはありませんから。

それでも、「まさか、こんなことになるとは……」という〝まさかの坂〟がやってくることがあります。そのときは、しようがない。「なにが起きるかわからないのが人生！」と気持ちを切り替えて、またその坂を上っていきましょう。

人生、「一寸先は闇《やみ》」といいますが、その逆もまた真なり。**「一寸先は光」。もうダメだと崖《がけ》っぷちに立たされているときに、光が見えてくることもあるのです。**

41 イライラしにくい状態をつくる。

イライラしないためには、日ごろから気分よく過ごせる状態をつくっておくことです。

まずは、基本的なことですが、体の健康。ネガティブな感情は、吹き出物のように、心と体が疲れているときに、ムクムクと現れてきます。疲れていたり、睡眠不足だったりすると、「ちょっと怒りっぽくなっているかも」ということがあるでしょう。

女性の場合、生理のサイクルも関係しています。神経質になることはないけれど、人によっては、排卵期に沈みがちになったり、生理前にイライラしたりすることも。

朝、すっきり目覚めて、「今日はいいことがありそう！」とご機嫌になれるような体調をつくってあげましょう。

そして、意外に大事なのが、身の周りの整理整頓。部屋やデスクが散らかっていて、なんだかイライラ。リラックスできない、ということは、ありませんか？

片づけができていないために、忘れ物をしたり、モノを探すのに時間がかかったりして、さらにイライラ度がアップ。心の余裕はますますなくなり、散らばったモノの上にモノが積み重なっていく……という悪循環。

「部屋は心の状態」ともいわれますが、確かに、心のあり様が象徴されているようです。

外見はきれいにしていても、片づけられない女性は意外に多いものです。

片づけられない人に共通していえるのは、〝先延ばしグセ〟があること。あれもこれもと抱える傾向にあり、よく混乱しているか、現実から目を背《そむ》ける傾向があること。

その結果、忘れっぽかったり、優先順位が決められずに、「いろいろなことに手をつけて、なにもできていない」という状態であること。

つまり、頭も整理できていないのです。そして心に余裕がないために、先に進もうにもどうしていいかわからない、ということになります。

反対に部屋や机が片づいている人は、ひとつひとつ仕事を集中して片づけ、気づいたときに〝すぐやるクセ〟もついています。

だから、ゆったりと過ごす時間も確保しています。

「いまの瞬間、なにをしたらいいか」が整理できているのです。

さぁ、そうなるために整理整頓を習慣づけましょう。まずは、いらないものをさっぱり捨てることから。目につくものが整理できれば感情も整理され、イライラ発生頻度《ひんど》はぐんと減るにちがいありません。

42 他人のイライラに汚染されないためには。

会社のなかにピリピリ、イライラといった重苦しい空気が漂っていることがあります。そう、イライラしている、あの人がいるために。

特に少人数のオフィスだったり、イライラに立場的な圧力が加わったりしていると、堪《こた》えるものです。

まるで、インフルエンザの菌が蔓延《まんえん》するかのようにイライラ菌は広がっていき、いつの間にか、ほかの人まで「なんなのよ！」とイライラ状態に。

心やさしい、思いやりのある人は、「大丈夫かしら」と動揺しているうちに、他人のイライラに感染していきます。気をつけましょう。

これは社内だけでなく、家庭のなかでもある光景かもしれません。空気を明るく変えたいところですが、よっぽど大笑いするような強い刺激でもないかぎり、難しいものです。

そんなときは、自分だけでもとりこまれないようにするしかありません。具体的にいうと、**仕事やほかのことに没頭し、精神的な無視を貫く**のです。周囲では奇怪なドラマが繰り広げられている、とでも考えて。

笑い話のネタだと思ってもいいかもしれません。大丈夫。そのうち免疫力もついて、慣れ、あまり気にならなくなってきますから。

そして、殺伐《さつばつ》とした空気に潤いを与えるように、自分だけは人にやさしい言葉をかけたり、ねぎらったりしてあげましょう。そんな現場こそ、みんなが潤いを求めているもの。自分も穏やかな気持ちになって、人に汚染されないための防御策にもなります。

ただ、問題はイライラの矛先が自分に向けられてきたときです。そのときも、気にしなくていいのです。これは自分の問題ではなく、相手の問題。相手の感情は相手に責任があるのですから。

八つ当たりされたり、「あなたは〜だ」と非難されたりしたら、「あら。そうですか」と聞き流して相手にしないのが、感情を害さないための最善策。

いちいち「それはちがいます！」と反論するのは、子どもじみた行為です。かといって、「そうなんだ」とショックを受ける必要もありません。ときどき、「言わなきゃ収まらない！」とばかりに闘っている勇敢な人もいますが、闘ってもソン。「感情的になってやり合わなくてよかった」ということもあります。それでも、どうしても言いたかったら、お互いに落ち着いたときに。

ただ、ほとんどのことはどうでもいいこと。自分を傷つける言葉は受取りを拒否してください。相手がちがう意見でも、「この人は私とちがう考えなんだ」ということを認めるだけで、スルーすること。わざわざ自分の正義を証明する必要もないでしょう。

悔《くや》しくても、自分の気持ちは自分でわかっていれば、それでいいのです。

43 やってみよう！ イライラの感情の整理。

イライラが自分のなかに生まれてしまったときは、どうするか。

次の方法を試していただければと思います。

【正しいイライラの整理】

その1　イライラを断ち切るために、気分転換。

お茶を飲んだり、人と話をしたり、体操をしたり、本を読んだり……、行動や場所を変えて気分転換。イライラの感情を断ち切る方法を、2、3もっておくといいでしょう。トレーニングするうちに、意識的に気分が変えられるようになってきます。

その2 イライラの根っこを考える。

【正しい怒りの整理】（75ページ）と同様、自分と対話するように、「なんでイライラしているんだろう」と問いかけてみて。**自分の心の奥にある本音に気づくこと。**仕事が終わらないことでイライラしているようでも、「彼から電話がない」「転職で迷っている」など、感情に蓋《ふた》をしている別の原因があるかもしれません。

その3 「解決できること」と「解決できないこと」を分けて考える。

「解決できること」であれば、前向きに対策を練りましょう。「解決できないこと」は、割り切ることです。割り切るとは、単純に「それはそれ」として受け入れ、前向きに進んでいくこと。「解決できること」でも、時間がかかる問題は、いったん割り切ったほうが得策。あとでひょっこり、いい展開があるかもしれません。前に進んでいくうちに、イライラはある程度、解消されてくるはずです。

その4 それでもイライラが収まらなかったら、大きめのストレス解消を。

とことん夢中になれるもの、自分を喜ばせることをしてすっきり。信頼できる人に話をしたり、ひとりどっぷりと泣いたり怒ったりして、感情を吐き出す手もあり。泣ける映画や本、音楽も手助けしてくれます。あとは時間が解決してくれるのを待ちましょう。

〈注意1〉イライラは早期発見、早期解決が基本。そのためには、いつも「いい気分で過ごそう」と心がけていること。イライラが小さいうちに摘《つ》みとって、気分転換を図《はか》りましょう。重症になると、回復にも時間がかかります。

〈注意2〉やってはいけないのは、人やモノに当たること。モノを壊したら、さらに自己嫌悪に。壊れないものであればＯＫ。許せない相手がいたら、枕などを相手に見立ててボコボコにしてしまうのも、なんだか笑えて、案外すっきりするかもしれません（笑）。

第四章

寂しさと、つらさに負けない女《ひと》

44 孤独はどこからくるのか？

人間であれば、だれでも、多かれ少なかれ、孤独を感じた経験はあるでしょう。

「だれも私をわかってくれない」「だれも私を必要としていない」「だれも助けてくれない」「だれからも愛されない」という、胸がギューッと締めつけられる感覚。

幼少期や、青年期に感じたという人もいるし、会社のなか、家庭のなか、近所との付き合いのなかで感じる人、リーダーとしてトップの立場で感じる人も。

では、この孤独はどこからくるのでしょう。

人はもともと、ひとりでは生きられない社会的動物なので、孤独な状態に生命の危機を感じ、強い不安感を覚える、といいます。

これは、物理的に〝ひとり〟というのではなく、気持ちの問題です。

つまり、自分の周りにいる他者と「つながりたいけれど、つながれない」状態の〝分離不安〟というもの。世界がもともと自分ひとりだったら孤独を感じることはないのでしょうが、自分以外のだれかが存在しているために孤独を感じてしまうのです。


子どももよく、お母さんが離れようとすると、寂しがって泣いていますね。

もともとお母さんとつながっていた子どもは、お母さんのことが認識できるようになると、ひとりぼっちになる不安を感じます。感情の塊である子どもは、保育園に預けようとすると、最初は激しく抵抗し、泣き叫ぶかもしれません。別の環境への恐怖もあるでしょう。孤独に突き動かされて、「怖いよー。お母さんがいないと生きられないし、愛情も与えてもらえない。ちっとも楽しくないよー」というように寂しがるのです。

でも、最初から他人に人懐《ひとなつ》っこかったり、保育園に慣れて、そこでの楽しみが見つかったりすると、子どもはそれほど泣かなくなります。

お母さんに依存せず、「ばいばーい」とにっこり笑って、自分から楽しい世界に飛び込んでいくでしょう。

大人であっても、似たようなものかもしれません。もともと「だれかとつながっているものだ」という前提があり、つながりを得られないときに、孤独感を味わうことになります。

でも、「私はひとりでも大丈夫。この世界も悪くないわ。みんな温かいし、そのうち、友だちもできるでしょう」と、**自分も世の中も信じることができれば、孤独はさほど感じない**はずです。

他者に依存したいと思っているときに、孤独は襲ってくるのです。

45 孤独を感じると、人はどうなるか。

孤独な気持ちを抱《かか》えていると、苦しく、不安なものです。みんなが冷たく感じられて、ひとり森のなかを彷徨《さまよ》っているように思えるかもしれません。

しかし、人間には、つらい状況をなんとか脱しようとする力が備わっています。

これが健全に機能している人は、孤独を真正面から受け止め、それを乗り越えていくための術《すべ》を覚えていきます。

「人とつながろう」と自分から積極的に交流を求め、自分をわかってもらおうとします。自分を受け入れてもらうために、人間関係を学んでいくでしょう。また、孤独のなかで自分と向き合い、なにかを生み出そうとする人もいます。そうして、人の痛みがわかるようになったり、自分を信じられるようになったり、人といることに喜びを感じたり……という学習を経《へ》て、人間としての深みは増し、成長していきます。

ところが、ただ「寂しさをまぎらわそう」「ひとりにはなりたくない」と、**逃げの姿勢の人は、なかなか孤独を乗り越えられません**。一時的に孤独が解消されたとしても、人とわかり合えない状況、疎外感を覚えるという状況になると、また孤独に陥《おちい》りやすくなります。

そんな人には残念ながら、孤独の苦しみが絶えずついて回るでしょう。

あまり意味のないメールやＳＮＳでつながっていたり、人の輪に形だけでも加わろうとしていたり、とりあえず物理的に、ひとりにならない状況をつくろうとしても、「なんだか寂しい」という気持ちを、拭《ぬぐ》い去ることはできないはずです。

心がつながっている状態ではないからです。

もっとよくないケースは、「なんとかしよう」とする気持ちが、屈折して機能したとき。「人とつながりたい」と思っているのに、人と交わるのが苦手な人、人に対して不信感がある人は、「もういい！　人とつながらなくたって」「私は、どうせ、孤独な人間だし」と投げやりになって人間関係をあきらめ、別な強い刺激に逃避して、やり切れない感情をまぎらわそうとするのです。

快感を得ることによって自分を喜ばせようとする買い物依存やギャンブル依存、恋人に強い要求をする恋愛依存、仕事で自分の価値を見出《みいだ》そうとする仕事依存（ワーカホリック）などがそう。なにかに依存しても、なかなか感情は満たされず、さらに依存が慢性化するという悪循環が続きます。

つまり、孤独を受け入れ、自力でなんとかしようとする覚悟がないかぎり、寂しさは続き、依存できるものを求める傾向にあるのです。

46 どうして、そんなに寂しがるのか。

人は、だれでも、孤独を感じる因子をもっているようで、ふとしたときに寂しさを覚えるものですが、なかには、「人と一緒にいないとイヤ」「人とつながっていないとダメ」というような、極度の寂しがり屋さんがいるものです。まるで、〝孤独恐怖症〟というほど、ひとりになるのを恐れて、絶えず人との関わりを求め、人がいないと生きていけないというような人……。「休日は、恋人や友だちと一緒なら、テンションが上がって楽しめるのに、家でひとりだと、なにをしていいのかわからず、なにもする気力がなく、ボーッとしている」という人は要注意です。

どうして人がいないとそんなに寂しがるのか？　と考えると、ひとつの答えが浮かび上がってきます。

「人の評価に頼って生きているから」

「人はどう思うか」「人が認めてくれるか」と、他人からの評価や愛情が生きている価値であり、それを基準に行動しているため、〝ひとり〟を楽しめないのです。

もしかしたら、幼少期に親から過保護にされたり、逆に突き放されたりして、「期待に応《こた》えなければ、愛情を与えてもらえない」と、がんばっていたのかもしれません。

さて、人にもよりますが、10代、20代は、いつも人と一緒にいないと気が済まなかった人も、年齢とともにひとりの生活を楽しめるようになってくるものです。

だれに食べてもらうのではなくても、自分のためにレシピを見ながらおいしい料理を作ったり、自分の趣味に没頭したり、ひとり旅を楽しんだり。

これは、人からの評価がなくても、自分で自分を認めたり、喜ばせたりできるようになり、自己完結できる力を獲得したからです。

なかには、離婚して「もう結婚はいいわ。人に気を遣《つか》うより、自分のペースで生活していきたいの」なんて言う人もいます。人の目を気にしたり、合わせたりすることに疲れ、自分自身の欲求にしたがって、ひとりで自由にのびのびと生きたいと思うのでしょう。

確かに、**ひとりでも楽しめるようになると、人生、何倍も楽しいしラクになります**。

他人に依存している人は、自分の欲求を押しつけたり、逆に押し殺したりしているところがあります。人がいないと自分の行動を決められないようでは、自分も相手も疲れてしまうでしょう。でも、「人といるのも好きだけれど、ひとりでもＯＫ」と精神的自立ができている人なら、相手と対等な関係が築け、相手を思いやる気持ちもてます。

そんな人は、相手にとっても負担がなく、心地いいのです。

47 二人の孤独は、ひとりの孤独より怖い⁉

恋人や夫がいない人の孤独と、いる人の孤独は、性質がちがいます。そして、二人でいる孤独のほうが、よっぽど骨身にこたえるような気がするのです。

仲がいいときは、幸せでいっぱいです。問題ありません。問題は、うまくいっていないときの孤独です。

恋人がいない人の孤独は、「ひとりでいるのは寂しい。だれかとつながりたい」という、世の中に対しての孤独です。シングル同士でつるんだり、好きなことに熱中したり、楽しく過ごしたりして、自分でまぎらわすこともできるでしょう。

しかし、恋人や夫がいても孤独だという人は、「わかり合えない」という、特定の相手との心の通い合いをシャットアウトされている状況から生まれます。

〝もともとひとり〟だと思うと、それほどでもありませんが、〝二人〟が前提にあると、寂しさはいっそう増します。

だれでも無意識に「恋人（夫婦）はわかり合うものだ」「愛を与え合うべきだ」という理想をもっているため、「どうしてわかってくれないの？」「もっと愛してくれていいんじゃない？」と、期待を裏切られた気持ちにもなります。相手を責めたり、愛情を確かめたり、あれこれやって空回《からまわ》りし、思い通りにいかないことへのいらだちは募《つの》るでしょう。

相手が目の前にいても、心が通い合っていないかぎりは孤独は続きます。

逆に、**相手が目の前にいなくても、あまり連絡をとっていなくても、心が通じていれば孤独は感じない**でしょう。

海外の大学院の博士課程に行きたいと、幼い子どもを連れて留学した友人がいます。その間、夫は地元で働きながら、ひとりで過ごしていました。

当時、周囲は超遠距離夫婦を「大丈夫なの？」と心配していましたが、本人たちはけろりとして、「ときどき会うのも、刺激があっていいものよ」と余裕。留学を終えて数年が経《た》ちますが、いまも夫婦は人もうらやむ仲のよさです。

夫婦円満の秘訣《ひけつ》は、お互いを信頼すること、よく話すこと、そして、それぞれの道をもつこと、とか。

自分を孤独にしないためには、自分から相手を理解しようとする努力が必要。そして、相手に過度な期待や依存をせず、それぞれが自由に生きられる世界を確保して、心のバランスを保つことが大切なのかもしれません。

48 自己犠牲の強い愛、独占欲の強い愛。

友人のTさんは、いつも男性に振り回され、散々尽くした挙げ句、捨てられてしまう、という恋愛を繰り返しています。

「どうして、こうなっちゃうんだろう」とため息。毎回、ヒドい男を選んでしまうのは、自分にも問題があると薄々、気づいているようです。

そう。男も悪いがTさんもよくない。だって、相当、無理をしているんですから。彼が来る予定もないのに、もしかしたらと食事を作って待っていたり、自分の大事な予定をキャンセルして相手の予定に合わせたり、服も彼の趣味に合わせたり、すべて彼中心。

でも、相手のために、自分を犠牲にしてがんばっているように見えても、実は、そこまでがんばるのは、「嫌われたくない」「捨てられたくない」という気持ちから。根底には、〝見捨てられ不安〟ともいうべき孤独への恐怖があり、すべては自分を守るためなのです。

自分の孤独を満たすために愛情を押しつけているので、最初は、「カワイイなぁ」と思っていた男性も、だんだんうっとうしくなっていきます。男性が甘えてワガママに振る舞っていると、女性は「私は、あなたのために、こんなにがんばっているのよ。自分を犠牲にしてまでも……」と痛々しい状況になって、男性もイライラ。いくつものけんかを経て、男性は去り、「あんなに尽くしたのに……」という結果に至るのです。

これとは逆に、女性が男性を振り回す、異常に独占欲の強いパターンもあります。

つねにメールやラインで連絡をとり合おうとしたり、女性のいる飲み会への参加を許さなかったり、相手のスマホを無断で見たり、納得のいかない行動は問いつめたり。

男性は息が詰まり、「いい加減にしてくれ！」と逃げ出すことになります。

こうした女性の根底にあるのも、やはり、孤独への恐怖です。

自己犠牲型の女性も、独占型の女性も、相手に依存し、「ひとりになりたくない」と、必要以上に恋愛に執着《しゅうちゃく》するのは同じ。相手をつなぎとめるための手法がちがうだけです。

そして、なぜ、ここまで執着するのかと考えると……。信頼できないのでしょう、自分自身を。そのままの自分で大丈夫だと思えないため、相手や自分に無理を強《し》いることになってしまいます。

自己本位の恋は、もう卒業しましょう。無理をせずに、「このままでOK！」と自分も相手も受け入れられたら、きっと素敵な恋ができるはずです。

49 そもそも、人間は孤独なもの。

人とつながっていくためには、相手をわかろうとすることが大事ですが、一方で、「他人をすべてわかることはできない」という割り切りも必要です。

同様に、「自分をすべてわかってもらうこともできない」ともいえます。

会社のなかで孤立したとき、気が合っていた友人と意見が食いちがったとき、恋人が自分の期待に反する行動をとったとき、親が自分のことを認めてくれないとき……、寂しいものです。

「どうして、わかってくれないんだろう」と思います。そして、「話せばわかってもらえる」「わかり合えるはずだ」という信念のもと、無理に気持ちを一致させようとがんばって、これが、うまくいけばいいのですが、気持ちが平行線だと、さらなる孤独が待っています。

でも、「相手も自分と同じように考えてくれるだろう」と思うのは、大まちがい。

それぞれ、**ちがう人間だから、考え方がちがうのは当然**のこと。

それぞれ、別のＤＮＡを受け継ぎ、性質もちがえば、育った環境もちがう。受けた教育も経験もちがう、出会った人もちがう……。そんな異質な条件下で、考えがちがったり、理解できなかったりすることが生まれてくるのは、ごく自然な流れです。

相手を、自分とは同じでない〝別の人〟として尊重しようとすると、理解や賛成はできなくても、ほとんどの状況を受け入れることができます。

「人はわかり合えるはずだ」と思えば、わかり合えないことが寂しく感じられますが、「わかり合えないこともある」と考えていれば、わかり合っていくことがうれしいもの。「人間はわからないから、おもしろい」「すべてはわからないけれど、少しでもわかりたい」と近づいていく姿勢が、お互いの距離を埋めていくのでしょう。

そもそも人間とは孤独なものなのです。この世に生を享《う》けてから息を引き取るまで、それぞれひとりの人生を歩いています。家族や友人、恋人、仕事仲間など、ほかの人と寄り添うことはあっても、決して同じ線上になることはありません。

それに、自分の考えにしたがってのびのびと生きようとすると、必ず、衝突や軋轢《あつれき》が生じます。

そんなときに、孤独を受け入れて、「人それぞれ」「わからないこともある」とあっさりちがいを認めることが、孤独から寂しさを生まない知恵だと思うのです。

50 孤独から生み出されるものは大きい。

すべての感情には意味がありますが、「孤独」は、なんのためにあるのだろうと考えると、「人はひとりでは生きられない」ということを私たちに教え、人を求めるようにするためではないでしょうか。

そして、孤独であることは、自分と向き合う機会、自分を自由にさせる機会を与えてくれます。孤独のなかから自分の道を発見したり、可能性を追求したりしていくことができます。自分の感情に寄り添ったり、深く考えて決断したりすることも、孤独な時間がサポートしてくれます。進学や留学などで、だれも知らない世界に飛び込んで、寂しさと闘いながら大きく成長したという話はよくあることです。

優れた芸術や文化、創作などは、深い孤独の淵《ふち》から生み出されます。人と迎合することを選んだら、とことん自分の世界を極めることはできないでしょう。

私たちは、**孤独であることを覚悟する代わりに、自由というかけがえのないギフトを手にできる**のです。

私はときどき、あえてひとり旅をします。ひとりで考える時間が欲しいというのもありますが、単純に、ひとりだと人に気を遣うことなく、自由に行動ができるからです。

ときどき立ち止まって写真を撮ることや、現地の人しかいないような食堂に行くことに、人を付き合わせるのも申し訳ない。自分の気分で行きたいところに行き、食べたいものを食べる。ひとりだからこそ、現地の人と積極的に関わり、街の様子や自然もよく観察できるため、ひとり旅の写真は人と一緒の旅よりはるかにいいものが撮れています。ひとり旅をすると妙に人恋しくなって、人にやさしくなれるのもひとつの恩恵です。

ただし、旅の計画や準備をひとりでするのは面倒だし、危険な目に遭《あ》わないよう、注意することも必要です。ひとりで自由にやっているのだから、どんなことがあってもだれのせいにもできない。**「孤独」と「自由」と「責任」は、3点セット**のようなもの。自由にしたいけれど、孤独や責任は嫌、というワケにはいかないのです。どれだけの孤独と責任を引き受けられるかで、自由の量が決まってきます。

孤独を感じるときは、ひとり旅をしている感覚で、生活を楽しんでみるといいでしょう。孤独は、逃げたりジタバタしたりすると、追いかけてきます。

孤独を大事に抱きしめて、「この状況も悪くない」と積極的に利用してみると、思わぬ展開があるもの。孤独は崇高な感情でもあります。どう考えるかで意味合いはまったく変わってくるのです。

51 やってみよう！　寂しさの感情の整理。

寂しさには「なんとなく寂しい」「遠距離恋愛で寂しい」「ひとり暮らしで寂しい」「社内でだれもわかってくれる人がいなくて寂しい」など、いろいろありますが、なにかに頼ったり、いい事が起きるのを待ったりするよりも、自力で解決する術をもっていたほうがいいでしょう。

次の方法を試してみて。

【正しい寂しさの整理】

その1　とりあえず応急処置。

人との接触が少ない状態なら、家族やご無沙汰《ぶさた》している友人に「どうしてる?」と気軽に連絡。寂しいと、心だけでなく体が冷えるという説も。ぬるめのお風呂にゆっくり浸《つ》かりましょう。動物とのスキンシップだけでなく、枕やぬいぐるみをぎゅっと抱きしめるのも効果あり。過度の食べ物、お酒、買い物、ゲームなどでまぎらわすのは、自己嫌悪に陥るのでNG。

その2　身近にいる人に語りかける。

普段、話さない会社の人、タクシーの運転手さん、美容師さんなど、だれとでもざっくばらんに世間話をしてみては。気分もすっきりするし、思わぬ縁ができる可能性もあり。

その3　自然と触れ合う。

街や人ごみでなく、海や山、広く景色が見える場所など大自然のなかで過ごして。ひとりで呼吸をしているのが心地よく感じられるもの。植物を育てて成長を感じるのも◎。

その4　「本当に自分は孤独なのか？」自問自答。

実は、寂しく感じているのは自分自身の思い込み。アルバムや年賀状などを見て人とのつながりを実感したり、お墓参りやお寺・神社で何世代もの祖先から受け継がれている命を考えたり。多くの人に支えられて、いまの自分があることを確認できるはず。

その5　ひとりだからこそできることをする。

なにかの勉強、資格試験に挑戦したり、趣味に没頭したり、今後の計画を練ったり。「英語のDVDを見尽くそう」「部屋の模様替えをしよう」など課題をつくると、ボヤボヤしている暇はないでしょう。

その6　自分のために、日常生活を丁寧に送る。

寂しい人は「人に認められること」が行動基準になっていることが多いもの。自分のために、部屋を掃除して花を飾る。おいしい料理を作る。公園を散歩する……など、**日常生活を丁寧に送って、自分自身を喜ばせることを増やしていきましょう**。だれかがいようといまいと、ひとりを楽しめるようになったら、あとはもう大丈夫です。

52 悲しみは、だれにでもつきまとうけれど。

寂しい気持ちと同様に、どこに行っても、だれであっても、悲しみはつきまとうものです。「私は、まったく悲しみなんてない。いつもパーフェクトに幸せよ」と言っている人がいたら、それは自分の心をごまかして強がっているか、悲しみを素直に感じていないのかもしれません。

悲しいときは悲しいのが人間。自分の考え方にかかわらず、災難や事故、病気、家族や友人の不幸など、さまざまな悲しみがやってくるものです。

では、私たちは、この悲しみとどう向き合っていけばいいのでしょうか。

順を追って考えてみましょう。

まず、悲しみが降りかかった直後は、心が「受け入れられない！」というショック状態を起こします。なにが受け入れられないのかというと、〝不条理な現実〟です。

だれもが「自分は正しい」という世界を生きているので、現実を否定しようとします。頭では「受け入れなきゃ」と思っていても、感情は「こんなのイヤーッ」と。すぐに思い出しては涙が出てきたり、無気力になったりして、感情がコントロールできない状態です（悲しみが強烈でない場合は、この段階がカットされることも）。

そして、感情が落ち着いてくると、〝不条理な現実〟を受け入れようと、無意識に努力し始めます。現実を肯定したり、「自分が正しい」と思っていた設定を考え直したり。そうして、悲しみは癒《い》えていきます。これが健全に機能したときの「悲しみの整理」です。

ところが、いつまでも〝不条理な現実〟が受け入れられない状態の場合、もて余した感情から、別の感情が起きてきます。矛先《ほこさき》を、悲しみの原因になっているだれかに向けると、「怒り」や「憎しみ」になります。だれかを悪者にして、自分が被害者になることで、感情のバランスをとろうとするのです。これでは、なかなか執着から逃れられなくなります。

逆に、その矛先が自分に向けられると、「自己嫌悪」や「後悔」になります。自分を否定してばかりでは、さらなる苦しみが待っています。

ということで、悲しみを健全に整理していきましょう。

世の中には「一生、受け入れることができない」、感情的に肯定できない悲しみがあります。それは、どこまでも背負って生きていくしかありません。

でも、**ほとんどの悲しみや痛みは、遅かれ早かれ癒えるときがくる**はず。

自分自身に降りかかった不幸にとらわれる状態から、解き放たれるときがくるでしょう。

それをサポートしてくれるのは、「人」と「時間」、そして私たちの「考え方」です。

53 悲しみの裏には、喜びがある。

だれでも、人生のなかで、いくつもの悲しみを通り越してきたはずです。

大事にしていたものを壊した、財布を落とした、という小さなことから、猛勉強したのに大学入試や資格試験に合格できなかった、楽しみにしていた旅行に行けなかった、交通事故に遭った、病気になった、仕事をなくした、失恋した、そして、愛する人との死別など。

悲しみの感情を突き詰めると、「〝大切なもの〟を失った」という喪失感に突き当たります。〝大切なもの〟の価値が大きければ大きいほど、比例して悲しみは大きくなります。

たとえば、かわいがっていた犬が亡くなったときは、本当に悲しいものです。

となりの家の犬が亡くなったときも、「人懐っこいワンちゃんでしたよね」と悲しい気持ちになりますが、それほど引きずることはありません。

でも、自分が育て、十数年、一緒に過ごしてきた犬であれば、しばらく引きずるでしょう。ふと、自分に向かって走ってくる姿を思い出してはウルッときたり、いつもいるはずの犬がいないと、「あぁ、いないんだ」と激しい喪失感が襲ってきたり。

犬の命の重さは同じでも、自分にとっては、自分の家の犬のほうが愛情があり、価値のあるものだったからです。それは、となりの人にもいえることでしょう。

ただ、それだけ大切だったということは、悲しみが訪れる前に「喜ぶこと」「感謝すること」があり、自分を支えてくれていたともいえます。悲しみの大きさ以上に、その恩恵は大きいものだったかもしれません。悲しみの裏には多くの喜びが存在しています。

人によって執着するもの、価値のあるものはちがいます。

お金をなにより大事にしている人もいれば、家族、健康、時間、恋愛、人間関係、名誉や体面、趣味、モノが大事という人もいます。仕事で降格してプライドを傷つけられ、絶望的に落ち込む人もいますが、地位に執着しない人はそれほどでもなく、それより、給与が下がることが悲しいと嘆くかもしれません。

よく「大切なものは、失ったときにわかる」「病気になったときに、健康のありがたさがわかる」などといいますが、**空気のようにあたりまえにそこにあったものほど、失ったダメージは大きい**ような気がします。なにも問題がないときは、失ったときのことを想像して生活している人はいません。

でも、いろいろな価値あるものに、さよならを告げる場面は必ず訪れます。悲しみは大切なものの価値を教え、感謝の機会を与えてくれる感情でもあるのです。

54 「悲」と「喜」、「苦」と「楽」は切り離せない。

いま、悲しみのどん底にいる人がいるかもしれません。

なにをする気力もわいてこない、なにをしていても沈んでしまう……というような。

でも、ひとつだけいえるのは、それがずっと続くなんて、ありえないということ。

なぜなら、この世の中に〝永遠〟というものは存在しないからです。

「もう、死んでしまいたい」というほど強烈な悲しみを味わった人も、数日で少し落ち着き、少しずつ気分も変わっていきます。人にもよりますが、数カ月以内には、感情も状況もすっかり別のものになっているはずです。

これは経験上、感じることですが、**人は悲しむことにも飽きる**のではないかと思うのです。３日間、24時間継続して悲しみ続けていることは、ほとんど不可能。ほとほと疲れ、別のことを考え始めます。ご飯なんか食べられないと思っていても、そのうち「お腹《なか》が空《す》いた」となるし、涙でむくんだ目を鏡で見て「ひっどい顔」と思ったり、仕事でほめられると、ちょっとうれしかったり。その頻度《ひんど》はだんだん増え、自然にしていればバネのように、感情がラクなところに戻ろうとしているのを感じます。

悲しみの感情には、自然治癒《ちゆ》の働きがあるのです。

先ほど、悲しみの前には喜びがあったはずだと書きましたが、逆も真なり。悲しみのあとには必ず喜びがやってきます。悲しみの感情を抱えながらも、普通に過ごしていると、少しずつ癒え、「人生、捨てたもんじゃないな」と思えるときがくるものです。

悲しみを知っているからこそ、喜びの一瞬が大切に感じられるということもいえます。人と支え合えるし、人の気持ちもわかるようになります。

悲しみも人生の糧《かて》になっています。

こうして、「悲」と「喜」を繰り返しながら、バランスをとって私たちは生きています。「苦」と「楽」もそう。仕事のなかでも、苦労があってもがんばれるのは、達成感を得たり、成長を感じたり、休日が楽しかったり……と、楽しみの瞬間を感じることができるからこそ。もし、毎日が休日だったら、楽しさの感覚は麻痺《まひ》し、さほど楽しいと思わないでしょう。

　マイナスとプラスはお互いに意味をもち、バイオリズムのように移り変わっていくのが、自然の摂理。「悲」と「苦」があってこそ、人生の醍醐味《だいごみ》です。美しい虹は雨が降らないと出てこない。そして、どんな雨も止《や》まないことはないのです。

55 苦労が苦労でなくなる方法。

「苦労が大好き！」という人は、あまりいないのではないでしょうか。「若いときの苦労は買ってでもしろ」なんていわれるものの、だれだって苦労したくないし、できればラクな道を歩きたい。仕事の苦労、人間関係、恋愛や結婚生活、お金の苦労など、できれば避けたいと思うでしょう。

確かに、世の中には、「努力することが嫌いで、苦労しないままいまに至る」という人もいて、案外、幸せそうにしていたりします。そんな人を見て「私だけ、なんで苦労ばかりしているの？」「苦労性なのかしら」と思う人もいるかもしれません。

でも、「私だけが苦労している」ということはないでしょう。

だれだって、見えないところでなにかしらの苦労はあるものです。

それに、ラクで簡単なことだけをやっているよりも、少し難しいこと、大変なことをやっているほうが、やり甲斐《がい》があっておもしろいし、成長もできるじゃありませんか。

ただ、同じことをやっていても、それを苦労と思うか思わないかの差は、大きいかもしれません。

ここで、「苦」に関する感情の整理をしてみましょう。

苦労を苦労と思っていない人の特徴は、積極的にその状態を楽しんでいること。自分から、その世界に飛び込んでいることです。

たとえば毎日、仕事と育児の両立で忙しくしていても、そのなかには、いくつもの充実感や喜びがちりばめられています。それを積極的に感じようとすると、苦労も軽減され、楽しみに変わります。仕事と育児、両方することのメリットもあるでしょう。

感情の整理ができない人は、逃げ腰になっているため、「苦」が大きくなっていきます。「仕方なくやっている」という感覚では、苦痛以外のなにものでもありません。

そして、もうひとつの特徴は、「苦」の目的をはっきりさせていること。お金で苦労している人は「借金を返してゆとりある暮らしをしたい」、親の介護で苦労している人は「少しでも親孝行して家族の幸せに貢献したい」などの目的があるでしょう。

目的があれば、苦労も報われます。自分が本当に欲しいものを手に入れるためには、いくらかの「苦」も「労」も、「喜んで」とばかりに受け入れる覚悟が必要です。

目的が見えずに苦労している人は、「なんでこんな苦労ばかり」となってしまいます。

「苦」は考え方次第で、大きくプラスにもマイナスにも振れる感情なのです。

56 プレッシャーと友だちになる。

仕事のつらさに加えて、上司などから「どうしてできないんだ！」と叱《しか》られたり、ノルマなどを課せられたり……と、プレッシャーが加わると、さらにつらくなるものです。

大きな仕事や役職を任せられると、しんどくなる人もいるでしょう。

このプレッシャーという曲者《くせもの》が、私たちを苦しめることがあります。

私もそう。苦しいけれど、私はこのプレッシャーが、結構ありがたかったりします。なぜなら、プレッシャーがないと、いまのようには仕事をしないんですから。

プレッシャーというのは、自分に対する期待でもあります。期待してくれる人は、自分の価値を信じてくれるありがたい存在。できるだけ応えようと思います。

大きな課題が出されると、「おぉ……」と一瞬、たじろぎます。でも、「待てよ。ひょっとして、いけるかも」ととりかかり、難しいときは助け舟をお願いしたりしていると、なんとかできてしまう。そして次は、もう少し大きい課題がやってきます。それもなんとかやります。それができたら、さらに大きい課題が……というように、プレッシャーは延々と続くのですが、いつの間にか「あぁ、こんなことができるようになった」「こんなにできた」という場所にたどり着いていることに気づきます。

自分の限界を超えていくためには、プレッシャーが必要なのです。

プレッシャーは、敵ではなく、ありがたい友人のようなもの。

プレッシャーは、仕事の評価に比例して大きくなっていきます。なんのプレッシャーもない仕事だったら、それだけの評価しかない。ラクで、評価されて、おもしろくて、お給料もよくて……なんて仕事はないでしょう。プレッシャーから逃げていると、ラクだけど、やり甲斐、評価、お給料など別な部分で妥協した仕事を続けることになります。

「プレッシャーのない世界で生きていきたい」と仕事を辞めると、今度は、立場や経済的なプレッシャーが待っています。

生きているかぎり、なんらかのプレッシャーはあるものです。ならば、受け入れてみましょう。「プレッシャーに負けない」「プレッシャーを乗り越える」と気負わずに、「はい、はい。やれるところまでやってみます」と軽い挑戦のつもりで。不安がってもしようがない。やることが決まっているなら進むしかない。

そもそも自分がプレッシャーと感じることは、ほかの人から見ると大したことではないこともあります。結局、プレッシャーをつくり出しているのは、自分自身でもあるのです。

57 悲しみにも「ありがとう」を見つけられる。

悲しみにくれているときは、生きるための杖《つえ》を折られたような気持ちになるものです。

私にはなにもなくなった。この先、生きていけないんじゃないかという感覚にさえ陥ります。

でも、新しい心の杖はつくり出すことができるはずです。そう、自分自身で。

世界的に有名なピアニスト、T氏はコンサートで最後の曲を弾《ひ》き終えたあと、脳溢血《のういっけつ》で倒れ右半身不随になりました。リハビリに努めたものの、右手は動かなくなったまま。「ピアニストとして終わり」と絶望し、落ち込むこともあったといいます。

運命を変えたのは、一年以上過ぎたころ、留学していた息子が黙って置いていった楽譜でした。

それは、戦争で右腕をなくした友人のピアニストのために、イギリスの作曲家が書いた左手のための曲。T氏はふと弾き始めて、「音楽を表現するのに左手だけあれば、なにひとつ不足はない」と納得し、夢中になって取り組むうちに、左手だけだからこそできる独特の表現方法を発見するのです。

T氏は、これまで以上の技術力と深みを増した演奏で、人の心をとらえています。

私たちは、なにかをなくしても、「私には、これがあるじゃないか」という希望を必ず発見することができます。それは、待っていてだれかが与えてくれるわけではなく、最終的には、自分から求めてつくり出していくものです。「なくしたもの」だけに執着して悲嘆にくれていても、生きてはいけないのです。

悲しみが起きた直後は絶望の沼に沈んだようになりますが、人間ってたくましい。生きていこうとする気持ちが心の奥にあって、自然に「自分がもっているもの」「自分が生み出していけるもの」に目を向けようとします。

「ありがとう」という感謝の気持ちも、悲しみを癒やしてくれます。

特別なことではなく、日常のなかにも感謝できることはたくさん潜《ひそ》んでいます。「ご飯が食べられてありがとう」「仕事ができてありがとう」「友だちがいてありがとう」……。

「ありがとう」は、「有り難う」。**悲しいときほど、あたりまえにそこにあることが、〝有り難い貴重なこと〟に感じられるもの**です。

悲しみのなかで、静かに「自分がもっているもの」に目を向け、〝希望〟や〝感謝〟を発見し、生きる力をつけていく人が、「悲しみ上手」な人。

私たちはなにかを失っても、代わりに、なにかを身につけていけるはずです。

58 大きな悲しみを乗り越えるには、人の力が必要。

かつて東日本大震災の際、テレビに映し出された被災者の人たちは、よくこう言っていました。

「大変なのは、自分だけじゃないから」

信じがたいほどの悲しみが襲ってきても、「周りの人が一緒に、災難と闘っている」という気持ちは、きっと心を強くしてくれたことでしょう。

特に、子どもたちの強靭《きょうじん》さには、心打たれるものがありました。

避難所になった、ある小さな中学校の生徒たちは、進んで食事や布団などを配る手伝いをし、被災者をなんとか励ますために教室に絵の具で大きな貼《は》り紙を作りました。

その紙に書いてあったのは、「命あることを喜ぼう」。

それを見たお年寄りたちは、「生徒さんたちも、家族をなくして悲しい思いをしているのに、うれしいです」と涙。

被災直後、看護ボランティアとして飛び込んだ友人は、当時の様子をこう伝えました。

「子どもってすごいよ。行方不明の父親と兄弟を探している子は『だれでもいいから助けたい』と津波に遭った車を必死に1台1台のぞいて回っている。父親をなくした男の子は、『これからは、お父さんの代わりにボクががんばらないと』って、まっすぐな目で言っている。必要とされている、愛されているというだけで、命に働く力は偉大なものがあるよ」

「プラス思考になりましょう」と言っても、「なんで私だけが」「だれも私の気持ちはわからない」と孤独を感じているときは、なかなか前向きになれないものです。でも、そこに人のやさしさ、温かさが加わると、前に進む力が生まれてきます。

「悲しみを分かち合う」ことも力になりますが、自分が「必要とされている」「なにかできる」と信じ、人に喜びを与えられることは、さらに大きな力になっていきます。

大きな悲しみを整理していくためには、人の力が必要です。

もし、「なんで私だけが」とひとりで悲しみを感じている人がいたら、「話を聞いてくれる人」「同じ気持ちを共有できる人」「自分を必要としてくれる人」に、素直に助けてもらいましょうよ。

悲しいときは、もっと積極的に人を信じ、人を求めてもいいのではないでしょうか。

59 たまった感情には、心のデトックスを。

悲しいときは、泣けばいいのです。

泣きたかったら、泣く。怒りたかったら、怒る。というように、感情を解放してあげることです。

「悲しんじゃいけない」「泣いちゃいけない」と、無理に押し込んでしまうと、消化しきれないまま残った感情がどこかで噴き出します。素直に味わうといいでしょう。

カラ元気で、「早く乗り越えなきゃ」と焦《あせ》る必要もありません。

遅かれ早かれ、自然に、悲しい気持ちは薄らいでいくはずですから。

実は、**「悲しみに浸《ひた》る」という行為は、人間にとって意外と快感**なときもあります。

時代にもよりますが、どこか切なさのある歌謡曲や、悲しい結末を迎える映画、嫉妬《しっと》や苦しみなど、心の葛藤《かっとう》を描いた恋愛小説は人気があるものです。

私は、ギリシャ演劇に興味をもった時期があるのですが、紀元前に発生した「喜劇」と「悲劇」のうち、何世紀も人の心をとらえてきたのは、愛憎を繰り広げる「悲劇」のほうでした。

特に、ネガティブな感情を出さないように生きている現代人にとっては、「感情を開く」ことは、すっきり心地よさを感じる快感であり、必要な儀式なのかもしれません。

家族や気のおけない友だちに対してでもいいし、ひとりでもいい。音楽や映画の力を借りてもいいので、「もう十分、悲しんだ」というところまで悲しんでみましょう。

そして、あとは普通に笑顔で過ごすのです。心と体をあれこれ動かしながら。

悲しみの傷は、多少、残っているかもしれませんが、心にしまってほかのことをやっているうちに、だんだん癒えていきます。

時間が味方してくれるし、周りの人が助けてくれます。

「失恋して落ち込んだけど、仕事が救ってくれた」「ペットロスでつらかったけど、忙しかったから気がまぎれた」ということはあるでしょう？　なかには「悲しんでいる暇はなかった」という人さえいます。

人の心には受け入れる容量があります。**なにかで満たしておけば、悲しみの入ってくるすき間が狭くなる**ようです。

「感情を開く」と「感情をしまう」。

感情に厳しくしすぎず、かといって甘やかさず。

バランスよく、悲しみの感情と付き合っていきましょう。

60 必要でもない悲しみを与えることはない。

人生には悲しい不条理がやってきますが、ときどき、「おいおい、そこまで悲しまなくてもいいよー」と思わせる人がいるものです。

大失恋をしたあとの女性には、痛々しいものがあります（人にもよります）。元気を装っていても「心ここにあらず」の状態で、ふと見せる横顔に物悲しいオーラが漂います。事情を知っている人は、「あんなに悲しいことがあったんだもの、当然よね」と気遣います。

ところが、「仕事も休んじゃった」となると、「仕事はちゃんとやろうよ。気もまぎれるんだからさ」と、少し冷めた対応になってきます。悲しみが数カ月続いて、「元カレと、こんなことがあって……」などと、過去のことを何度も反芻《はんすう》しては悲しむ状態が続くと、うっとうしく思われ、「そろそろ立ち直ろうよ」と厳しく言われるかも。

失恋の痛手が何年も続く人もいます。カラオケで悲しい曲を歌っては、いきなりウルッと涙ぐんだり、なかなかいい恋ができないことを「元カレがすばらしすぎたから」と美化したり、反対に「ひどい失恋だったから、恋に臆《おく》病《びょう》になって」と被害者になったりして、いまの状態を正当化するのです。このあたりになると、勝手な妄想《もうそう》の世界に浸って悲劇のヒロインになっているのかもしれません。

実は、**悲しみのなかに逃げ込むのは、ラク**な面もあるのです。

うまくいかなかった過去、うまくいかない現実に言い訳ができているのですから。

時間が経つにつれ悲しみが大きくなっていくのは、悲しみを消化しきれていないときか、悲しみのドラマに脚色されているときと考えたほうがいいでしょう。

悲しみすぎる人たちは、案外、悲しむことが好きなのではないかと思うのです。

私も、昔、そんな時期がありました。「恋愛でひどい目に遭った」「仕事のストレスでこうなった」「私って運がないのね」などと嘆く裏には、無意識に「かわいそうな被害者の自分。ひどい現実。同情してくれるみんな」を期待しているところがあります。

でも、よく考えると、悲しみは自分がつくり出している、という事実もあるのです。

悲しみを導く行動をしてきたのは自分。いま、悲しんでいるのも自分。

「悲しい自分はイヤ。幸せな自分でいよう」と思うことで、考え方も行動もまったく別なものになってきます。

「悲しみは、自分が選んでいる」と認識できれば、悲しみすぎることもなくなるはず。自分自身に必要もない悲しみを与えることはないのです。

現実は意外とやさしく、私たちを包み込んでくれるはずです。

61 やってみよう！ 悲しみの感情の整理。

悲しみは、一夜で消えてなくなるというものではなく、放置しておくと、生活に張りがなくなっていくこともあります。上手に整理していきましょう。

【正しい悲しみの整理】

その1 一度、感情を思いっきり出す。

悲しみが起きたあとは、素直にその感情を受け止めましょう。ただし、人前で感情を出すと、あとで恥ずかしい気持ちが襲ってくることがあります。**自分が安心できる場所で悲しむ**のがポイント。「悲しむだけ悲しんだ」というところまで悲しんで。

※なかなか感情が出せない人は、悲しい心情を紙に書きなぐったり、パソコンに打ち込んだりするのもあり。悲しいことがあった日限定の「悲しみ日記」で自分に語りかける手も。

その2　人と一緒に過ごす。

孤独の世界に入り込みすぎると、どんどん深刻に考えるようになり、ろくなことはありません。特に悲しみの内容について語らなくても、**人と一緒にいるだけで心が軽くなる**ものです。

その3　しばらく悲しみのもとから離れてみる。

悲しみをすぐに解決しようと焦らず、少しの間、意識して別のものに目を向けて過ごしましょう。冷却期間が、心の落ち着きをとり戻してくれます。

その4　悲しみから〝過去〟を考える。

冷静になったら、その悲しみのなかに、これまでよかったこと、感謝することはなかったか、反省することはなかったか探してみましょう。

※大事なポイントは、「だれも悪者にしない」「後悔しない」ということ。その出来事は、世の中や過去のいろいろな事情が重なり合って、起こるべくして起こった結果です。

その5　悲しみから〝未来〟を考える。

悲しみをある程度、受け止めることができたら、次は「どうしたいのか」をイメージします。新しい希望を見つける。悲しみのもとを解決する。どうしようもならないなら割り切る。**悲しみを糧に成長する**こともできます。「最善に生きること」を目指して。

その6　悲しみから〝いまの行動〟を考える。

「その5」のイメージに向かって、いまの行動を選択しましょう。

「起こったことにはすべて意味がある」といわれますが、自分にとって意味のあることにするかどうかは、そのあとの自分の考え方と行動次第です。

第五章

マイナスの感情を乗り越える女《ひと》

62 恨《うら》みはもっとも恐ろしい感情。

恨みは、感情のなかでも、もっとも深く根を残す感情だといわれます。

日本の幽霊は、おどろおどろしく、「恨めしや〜」と言って出てきますが、真実かどうかはともかく、死んでも死にきれないほどの恨みは、多くの共感を呼ぶようです。

認知症専門の病院で働く臨床心理士の友人によると、多くの記憶をなくしている状態でも、恨みだけは残っている人がいるのだとか。「あの人は、私におまんじゅうを分けてくれなかった」など、70年以上前の戦時中の感情が鮮明に刻まれていることも。「食べ物の恨みは恐ろしい」といいますが、特に、食糧がなくて、生命を脅《おびや》かす危機的状況での恨みは、想像を絶するものがあるでしょう。

私たちの日常においても、だれかへの怒りが恨みに変わっていくことはあるものです。自分が退職する原因をつくった上司、自分を裏切った恋人、自分を否定した友人、自分の大切なものを奪った相手、幼いときに自分を傷つけた親……。特に、男性と女性の愛憎は、普段は冷静な人でも我を忘れて、自分を制御できなくなるほど。

離婚問題を扱ってきた、ある弁護士は、愛する人から裏切られたとき、人間が〝鬼〟のように変わっていく姿を見てきたといいます。

「謝りなさいよ。責任をとりなさいよ。私の時間を返してよ。あなたのために自分のお金だって使った。傷つけられて精神的にボロボロよ。私の人生、どうしてくれるの？　え？　あなた、これで済むと思っているんじゃないでしょうね！」

ときには罵倒《ばとう》し、ときにはしくしく泣きながら恨みつらみをぶつけ、最後は、離婚するならとことん慰謝料をとってやろうと、すさまじいエネルギーになるのだとか。

与えた愛が大きければ大きいほど、恨みは大きくなっていくのでしょう。

このような恨みは、自分が「ひどい損害を受けた」という被害者、相手は許せない加害者というところからわき上がってきます。

自分は正しいと思っているので、「きみも悪いよ」などと言われると、「どうしてあなたから非難されなきゃいけないの！　私はこんな目に遭《あ》ったのよ！」と、さらに逆上します。ひどい損害を与えた相手から非難されることは絶対に許せないのです。

自分が被害者であるかぎり、なかなか自分を省《かえり》みることもできず、そこに執着《しゅうちゃく》し続けるほど、相手への恨みがエンドレスで続きます。

恨みとは恐ろしいもの。もっていると毒になって自分をむしばむと考えてください。

63 復讐《ふくしゅう》という罠《わな》に引っかからない。

ストーカー規制法ができる前のことでした。

友人の会社にいたKさんが、婚約者（だと思っていた彼）から別れを告げられて、なんとかヨリを戻したいと、毎日、彼に電話し、家の前で待っていたそうです。

しかし、彼はとりあわず、電話は着信拒否。家も引っ越してしまいました。怒り狂ったKさんは、会社に停めてあった彼の車の窓ガラスを割り、座席にたくさんの生卵をぶつけたとか。それだけでは怒りは収まらず、彼の会社の上司に「彼は、ひどい人です」と電話。上司がとり合わなかったため、さらに逆上。自分は仕事があるため、アルバイトを雇って、彼の家と会社に24時間、無言電話をかけ続けたといいます。

彼はノイローゼ状態になり、会社にもいられず失職することになりました。この事件は、彼のほうが訴えて裁判になりました。Kさんが裁判で言ったのは、

「私が彼にした復讐は悪いことです。でも、それ以上のことを、彼も私にしたんです」

Kさんの父親も「娘はかわいそうです。なんとか情状酌量《しゃくりょう》を」と訴えたとか。

どれだけの刑罰になったかは定かではありませんが、そのとき、裁判長がこんなことを言ったと聞いています。

「あなたは、まだ若くて美しい。そのエネルギーを自分の幸せのために使えば、これから、きっとすばらしい人生が送れるでしょう」

本当にそう。Kさんは、なかなかの美人で、新しい彼をつくろうと思えば、いくらでも候補はいたのですが、「自分がひどいことをされた」という恨みと、彼に対する執着は、計り知れないものがありました。

これほど大きな憎悪の復讐劇は稀《まれ》でも、小さいものはときどきあります。しかし、よくよく考えてみると、お互いに傷つき、だれも得をしていないことがわかります。

本人は「同じ苦しみを味わわせたい」と相手にダメージを与えて、復讐を成功させたつもりでも、残るのは虚しさと自己嫌悪。余計に損害を被《こうむ》り、不幸になってしまうのです。

そんなときは、「自分の幸せのために、本当に欲しいものはなにか？」と問い続けることです。すると、愛を与えてくれない相手に執着することではないと思い直すはず。

復讐したいほど相手を憎んでいるときは、「自分はどうなってもいい」というほど捨て身になっていますが、自分を大事にしないと、自分を陥《おとしい》れることになります。

本来の人生の目的のために、復讐という自分への罠に引っかかってはいけないのです。

64 憎しみに、どう対処するか。

「～のせいで、こんな目に遭った」と考えると、相手が憎くなります。

「私は～したのに」「私は～だったのに」と自分の期待や損失の大きさを訴え始めると、いっそう恨みがましいことに。

Mさんは、貯まったマイルで年末年始に夫と海外旅行の計画を立て、「さあ、出発！」と空港の窓口でチェックインしようとしたところ、夫のパスポートの残日数がわずかしかないことが判明。あえなく旅行を断念したのでした。

パスポートをちゃんとチェックしてくれていたら……と夫が憎らしい。「楽しみにしていたのに、休みもとったのに、ホテルも予約したのに……」と嘆き、友人から「あら。ひとりでも行けばよかったのに」と言われると、ぶるぶると首を振り、「いくらなんでも、ひとりで行くなんてできないわよ。二人で行くのを前提で立てた計画だもの。それに私も悪かったの。ちょっと気になったのに言わなかったんだから」。

自分を省みて、「私も悪いところがある」と、自分の非を少しでも認められると気分は落ち着くものです。ひとりだけを悪者にするのではなく、「いろいろな事情が重なって、こうなった」と考えると、割り切って進むこともできるでしょう。

でも、どう考えても自分に非がないこともあります。

Nさんの妹は犬の散歩中、交通事故に遭い、意識が戻らなくなってしまいました。

　事故直後、加害者側の代理人が、「運転中、朝日がまぶしく、前が見えなかったようです」などと言い訳をしていたときは納得ができずに、「そんなことはないでしょう」「妹をもとの状態に戻してください」などと責めていました。

　ところが、運転者が取り調べを終えて「妹さんはまったく悪くありません。悪いのは１００％、自分です」と謝罪したとき、Ｎさんは涙をこらえて、こう言ったそうです。

「私たちがここで言い争いをしても、妹は喜ばないと思います。妹は争いごとが嫌いですから」と。

　Ｎさんは、「自分と妹のために、いちばんいい選択は……」と考えたため、相手を恨むことにブレーキがかかったのです。そして、「これも運命。私がすべきことは、妹が生きるためのサポートをすることだけ」と心に誓ったとか。

　憎しみの感情を放置していても、いいことはありません。ここは感情を優先するより、意識的に「いちばんいい選択は……」と考えて、憎しみの整理をすることです。

65 やってみよう！ 恨みの感情の整理。

できれば、恨み、憎しみはもたないほうがいいのですが、感じてしまったら仕方がありません。相手を「許す」というより、相手に「執着しない」で進むこと。これ以上、他人のために エネルギーを使うのは、やめにしましょう。

【正しい恨みの整理】

その1 その問題が解決する方法を探す。

結果オーライになると恨む理由もなくなります。まずは、「どうなったらいいのか」という状態と、「どうしたら、うまくいくか」という方法を考えて。恨むのはまだ早い！

その2 自分の反省ポイントを探す。

相手だけに責任を押しつけていませんか？　「自分にまったく原因はないか」「なにかできることはなかったか」と考えて。反省点がひとつでも見つかれば素直に認めましょう。

その3　「おかげさまで〜」というポイントを探す。

「おかげさまで勉強になった」「いい経験になった」「友人のありがたさがわかった」など、失ったものより得たものを考えて。災難の裏にも必ずいい点が隠れているはず。

その4　恨むことによって生じる損失を考える。

人を恨むことは自分の心をむしばみます。いい気分で過ごせず、問題は解決せず、生活にも悪影響。なにより恨む時間がもったいない……と、結局よくないことばかりです。

その5　与えたことへの感謝や見返りを強要しない。

「私は〜したのに」と言い始めると、恨みは増していきます。そのとき喜んでもらったことでOK。普段から「〜してあげる」と恩着せがましく思うくらいなら、やらないこと。

その6　「いろいろ事情があったんでしょう」と考える。

現実は、さまざまな事象が複雑に折り重なってできています。たとえ相手からひどい仕打ちを受けたとしても、相手がそうなった背景には、複雑な事情があったのかもしれません。

その7　かわいい復讐劇を考える。

相手が多少、「悪いなぁ」と罪悪感をもっている場合は、「ご飯、ご馳走してもらいます！」など、かわいい復讐を。相手も気が軽くなり、関係がよくなる場合もあります。

その8　自分の目的に向かって進む。

「自分はなにが欲しいのか」と自問自答し、自分にとってベストな行動を。

変えられるのは自分と未来だけ。これからのことを考えたら、相手を恨んでいる暇はないでしょう。

66 人と自分を比較しない。

嫉妬《しっと》は苦しいものです。

うらやましさ、憎たらしさ、妬《ねた》ましさ、敗北感、惨《みじ》めさ、不安などが入り混じったモヤモヤした感覚。それがだんだん強くなっていくと、憎悪や恨みに変わることもあります。

たとえば、自分がこれまで仕切っていた仕事を、新人と分担することになったとします。この新人の仕事ぶりが、社内でなかなかの高評価。みんなが新人をほめると、「なによ。大したことないじゃないの」と、嫉妬心がわくかもしれません。これ以上、私の仕事をとられては困ると、仕事を教えなかったりミスを責めたり、「ちゃんとマナーを教わってこなかったのかしら」などと、別な部分で嫌みを言ったり。

嫉妬は、自分が欲しいものをもっている人に対して、「私より○○さんのほうがいいのね」と快く思わない攻撃的な感情や、落ち込んだ感情です。

嫉妬心は、いろいろなところで芽生えます。才能、容姿、若さ、お金、役職、健康、学歴、恋人や夫の資質、愛されていること、認められていることなどなど、キリがありません。世間には嫉妬の感情が渦巻いて、どれだけ足を引っ張り合っていることか……。

でも、嫉妬の感情はわりと簡単に解決できます。

「人は人、自分は自分」

これさえ、日ごろから心に刻んでおけばいいのです。**人と自分を比べなければ、嫉妬をすることもありません。**もし嫉妬の感情がわいてきたとしても、「自分には自分の道がある」と自分を認めることができれば、嫉妬心を撃退することもできるでしょう。

一点だけを見て人と比べるのは、短絡的な考え。才能で嫉妬したとしても、自分には別の才能があるかもしれない。相手がもっていない多くのものをもっているはずです。人間の価値なんて、測れるものじゃない。一点だけで、「勝った、負けた」と感情的になるなんて愚《おろ》かなことでしょう？

嫉妬をする人は、意外と強いのかもしれません。嫉妬が、どれだけ自尊心を傷つけ、自分を惨めにするかをよくわかっている人は、恐ろしくて人と自分を比べられない。嫉妬をすることは、「自分は劣っている」と認めているようなものですから。

そんな敗北感を味わう他人との〝比較〟をわざわざするなんて、強いのか愚かなのか……。と同時に、「私だって……」という、寂しい自尊心の塊になっていると思えてならないのです。

67

女性同士の嫉妬は、連帯感で大きくなる。

嫉妬は苦しいものであり、同時に見苦しいものです。

感情のなかでも、いちばん知られたくない、恥ずかしい感情。

だれもが「自分が劣っている」ということを認めたくない。そんな感情を人に見せたくはない。だから、わかりにくい屈折した表現になってしまいます。

女性の井戸端会議は、こんな話で盛り上がることがあります。

「○○さんのご主人、ボーナスが○○万円ですって。さすが○○大出身のエリートよね。でも、不安定な業界らしいから、いつかリストラされるかもしれないわよね」

「そうそう。○○さんって、有名企業の女性管理職だけど、会社が女性の管理職を増やしたいからってことで、管理職になれたみたいよ。実力じゃないのよね」

ここでは、みんなが「ご主人がいいお給料をもらえていいなぁ」「女性で有名企業の管理職になれていいなぁ」とうらやましい。でも、そのまま素直に「うらやましい」とは言えず、悪意が入った〝嫉妬〟になり、そんな人が集まると〝共感〟の悪口になり、無意識に強い連帯感を生んでいきます。

そして、だんだん麻痺《まひ》してくるのか、快感になるのか、大っぴらな悪口、見えにくい仲間はずれや、じめじめとしたイジメ、「出る杭《くい》はみんなで打とう！」運動になることも。

こうした嫉妬は女性社会ではときどきあり、仕事では足の引っ張り合いや、派閥が生まれたりします。

なぜ、女性だけの社会では嫉妬が起こりやすいのか？　というと、単に「比べやすい」からではないでしょうか。ここに男性がひとりでも入ると、「比べにくい」に加えて、「みっともないところは見せたくない」というブレーキもかかります。

嫉妬は、自分と同等と思っている人の間で強くなります。

イギリス王室に嫁いだ女性たちや、オリンピック選手に嫉妬する人はあまりいないでしょう。素直に「すばらしい。おめでとう」と称賛します。人は「絶対に手にできない」というものに対しては、嫉妬はしないのです。

仕事や人間関係を長く続けたいなら、周りの人を優劣で判断せず、嫉妬をしないのが秘訣《ひけつ》。「人は人、自分は自分」を貫いてください。人の成功を、「おめでとう！」と喜べる関係を目指しましょう。ラクですから。

本当に比べるべきは、他人ではなく自分自身の昔といま。**いまの自分がこ**

れまでより成長していると感じられたら、それでOK……だと思いませんか？

68 嫉妬されそうになったら。

嫉妬をするのも嫌な感情になりますが、嫉妬をされるのもたまらないものです。

女性からの嫉妬だけでなく、実は、本当に恐ろしいのは男性からの嫉妬。男性自身も「みっともない嫉妬など、自分にあろうはずもない。しかも、女性に対してなんて……」と頭では嫉妬を否定し、正しく認識していないため、わかりにくくなっているものです。

ところが、地位や学歴、権力、評価など競争に絡むもの、既得権益を侵《おか》すものに関しては、強い嫉妬心に突き動かされ、女性に非情な仕打ちをしてくることもあります。

都合のいい女性は好きなのに、自分よりも仕事ができる女性は、認めない、ということもあります。先進国のなかでも、日本は女性の管理職率がいっこうに上がらず、出産後、仕事が続けにくいのも、「男性と同じようにはできないだろう」との、男性の隠れた嫉妬心が関係しているとさえ思われることもあります。もちろん、そんな男性ばかりではないのですが……。

私にも経験があります。ブライダルのカメラマンとして仕事が増えてきたとき、ライバルのブライダル会社から結婚式場のいくつかに手を回され、出入り禁止になってしまったのです。個人的に陥れるようなデマを流されて。

男性の嫉妬は、権力で訴えてくるので困ったものです。

こうした嫉妬には、相手を立てるか、自分を落として対抗するしかありません。嫉妬は自分と同レベル、またはそれ以下と思っている人間が、自分に都合の悪い状態や一歩リードした状態になったときに起こるもの。だから、「そんな嫉妬されるような身分ではございません」という立場をアピールするのです。

ときどき、女性同士の間で、〝嫉妬慣れ〟をしている人がいるものです。

たとえば美人でモテたり、お金持ちだったり、優等生だったり。そんな女性は、幼いころから嫉妬されているため、「ちょっとドジな私」「ちょっとダメなところもある私」をさりげなくアピールして明るく自分を落としたり、「教えてください」と相手を立てたりほめたりして、なにげに嫉妬を回避し、自分を守る術《すべ》を身につけています。親近感を抱かせ、「かわいいところがあるじゃないの」と思わせているのです。

つまらない嫉妬は面倒なものですが、決して同じ次元の怒りで応戦しないこと。嫉妬が続くようなら、「私ごときに嫉妬するなんて小さいなぁ」とでも考えておきましょう。

69 女性の嫉妬は自分への愛。

恋愛初期の、初々《ういうい》しい女性の嫉妬は、恋を盛り上がらせてくれるものです。「あ、いま、ほかの女の子を見てたでしょ。許せない！」

「やだ。合コンなんて行かないで。ぜったいよ」

などと言われると、男性も、

「オレの彼女、ヤキモチやきなんだよな」

なんて、まんざらでもなく、人に自慢。しかし、ほかの女性との関係を疑い出すと、嫉妬は少しばかり深刻になってきます。嫉妬深い人は、彼の行動をチェックしたり、頻繁《ひんぱん》に連絡するように要求して束縛するようになったり。「本当になにもないんでしょうね」「私だけを好きな証拠を見せて」などと、相手を責め続けます。

「嫉妬しやすい人は、それだけ、情熱的に愛している」ということもあるでしょうが、ちょっとちがう気もします。

嫉妬は、相手への愛というより、自分への愛のほうが大きいのです。

「ほかの女性が、自分より大事なのでは？」「自分は愛されていないのでは？」という不安、恐怖、危機感が嫉妬心になり、自己愛から相手への束縛になっていきます。

女性は、愛情をいつも〝目に見える〟表現や言葉で確認したい。

それに対し、男性は、〝目に見えない〟愛情を案外、信頼しています。「言わなくてもわかっているだろう」と、愛情は表面に出さないし、よっぽどのことがないかぎり、安心して放置しています。

だからこそ、女性の不安は募《つの》り、嫉妬心がときに妄想《もうそう》になることもあります。

男性が出来心でほかの女性に目をやると、「どっちを愛しているの？　選んで」と騒いで事態をさらに深刻にし、別れなくてもいいところなのに、ジタバタして別れてしまうことも。嫉妬深くなると平和を乱し、余計な争いを巻き起こすので、ほどほどに。

男性をつなぎとめたいと思うなら、しつこく責めるより、相手を認めたり立てたり、感謝したりすることのほうが、よっぽど効果的。男性にとって、自分を認めてくれる存在はなによりも大切で、生きていくために必要なのです。ここは、大人になって賢い行動を。

〝目に見える〟愛情だけでなく、〝目に見えない〟愛情を信頼して、相手とのつながりに安心感をもてるようになると、嫉妬心は自然に薄らいでいくでしょう。

成熟した女性になるとは、見えないものを理解するということかもしれません。

70　やってみよう！　嫉妬の感情の整理（普通の嫉妬編）。

嫉妬は、吐き出したいけれど、大っぴらに見せられない……という、モヤモヤした感情です。日ごろ、「人は人、自分は自分」精神でいると嫉妬は防御できますが、それでも仕事関係や、友人、ママ友などへの嫉妬が出てきてしまったとき、どうすればいいものか。次の処方箋《しょほうせん》を試してみましょう。

【正しい嫉妬の整理（普通の嫉妬編）】

その1　「なにがうらやましいのか」、自分の気持ちに気づく。

「あの人に嫉妬するなんて」と認めたくないため、嫉妬に蓋《ふた》をして、嫌悪感を抱いていることも。「なんだか気に食わない」などと思い当たる感覚があれば、「なにがうらやましいの?」と問いかけてみて。自分が欲しかった意外なものに気づくかも。第三者のように「へー。そこにこだわるんだ。あるかもね」と、自分の気持ちを認めてあげて。

その2 「自分はまだまだ」と謙虚に学ぶ。

「私だって……」とすねた気持ちになる裏には、「私も評価されてもいいじゃない」「いいところがあるのよ」と、満たされない自尊心があるもの。「私はまだまだ。だから、いろんな人から学ばせてもらおう」と謙虚になってみると嫉妬は和《やわ》らぎます。どんな人からでも、学ぶ点はあるはず。

その3 「自分は十分、幸せである」と感謝する。

なにかの面で満たされない感情が、嫉妬になるもの。「いまの私は十分、幸せ」と思えたら、嫉妬はなくなります。幸せだと思えるまでは、時間がかかるかもしれませんが、毎日、小さな幸せや喜びを見つけて、幸せを実感するクセをつけましょう。

その4 「いいね!」と相手の長所を認めてほめる。

素直にうらやましいと思う点を口に出してみて。不思議と心が落ち着い

て、嫉妬心がなくなってきます。嫉妬が消え、「気に入らない」という人を

なくしたら、人間関係はおどろくほどラクになるものです。

〈やってはいけないこと〉

1．**相手を見下すこと。**相手の劣っている部分を見つけて、「私は勝っている」と優越感をもつのはNG。比較をやめないかぎりは、嫉妬は次々に起こります。

2．**悪口を言うこと。**嫉妬が増強し、品格を落とすことにもなります。悪口仲間がいると、悪口を言う感覚が麻痺してくるので、聞き流して距離をおく術を身につけましょう。

3．**いじけること。**「わたしなんて……」といじけると、劣等感が膨らんでいきます。**だれも認めなくても、自分だけは「私には私のいいところがある」と認めてあげて。**

71 やってみよう！ 嫉妬の感情の整理（恋愛編）。

「好きだから嫉妬するのは仕方がない」と、感情のままに振る舞っていると、お互いに嫉妬で疲れ、感情を抑える力も身につかないまま。嫉妬したら自己嫌悪に陥《おちい》り、不安になってさらに嫉妬する……という悪循環をたどることも。若さゆえの嫉妬はかわいいものですが、相手の世界に立ち入りすぎると、いい結果を生みません。そのラインを見極め、相手の自尊心をくすぐる大人の嫉妬もありますが、これには高度なテクニックが必要でしょう。

【正しい嫉妬の整理（恋愛編）】

その1 **嫉妬をしたくないなら、自分の世界をもつ。**

嫉妬は相手への依存心から生まれます。小さな依存はお互いを必要としますが、依存が大きくなると束縛するようになり、相手はわずらわしくなるもの。過度な執着や依存を防ぐためには、仕事、趣味、友人関係など自分の世界をもつことです。

その2　嫉妬をしたくないなら、男性の本質を理解する。

人にもよりますが、男性は女性に比べて、愛情が表面に出にくく、彼女、または妻には安心感をもっています。ほかの女性に目がいくのは本能的なものですが、いまの彼女や妻と別れるまでの本気になることはめったにありません。のほほんとしていましょう。

その3　嫉妬してしまったら、放っておく。

状況をよくしたいなら、いまを楽しく過ごすことがベストな選択。嫉妬するのは時間の無駄。ゆめゆめ、相手の愛情を試したり、自分から別れを切り出したりしないこと。責めたくなったら、一瞬だけ我慢して、少し時間をおきましょう。冷静になって「ここは嫉妬するところか?」と考えると、ほとんどが「考えすぎ」と気づくはずです。

その4　嫉妬してしまったら、気持ちの伝え方を変えてみる。

嫉妬とわかっていても「いや、ここはどうしても言っておきたい」というときは、気持ちの伝え方を考えましょう。やってはいけないのは、「責めること」、反対に「卑屈になること」。相手は快く思わず、怒るか黙るか、最後は逆ギレすることも。「私は、あなたに～してほしい」と、主語を「私」にして、努めて明るく、「どうしてほしいか」をはっきり伝えましょう。

その5　嫉妬してしまったら、「ありがとう」を口にする。

逆療法ですが、「あなたが大切にしてくれるから、ありがたい」「いつも感謝している」など、相手を認め、感謝していることを伝えて。不安は薄らぎ、やさしい気持ちになれるはず。**相手の心をつかむためには、賢い女はジタバタせず、やさしさで勝負**です。

72 自己嫌悪は、放っておかない。

あなたが自己嫌悪に陥るのは、どんなときでしょう。

小さなことで怒って「なんて、ちっちゃい私」と思うとき。だれかから「もっとしっかりして」などと言われたとき。ほかの人を見て、「みんな、偉いなぁ」と感じてしまうとき。酔っ払って、ありえない行動をとってしまったとき。怠慢《たいまん》なことや失敗をしてしまったとき……。

あーあ。なんてダメな私……と思うとき、自己嫌悪に陥るものです。

つまり、自分のことを受け入れられず、否定してしまう状態。

この裏には「自分は〜でありたい」という欲求や期待が潜《ひそ》んでいます。それができない自分だから、腹を立てたり、失望したり、信頼できなくなってしまうのです。

自己嫌悪を放っておくと、いいことはありません。「私ってダメ」が頻繁に起きたり、深刻に考えたりすると自己評価が低くなって、のびのびと力を発揮できません。

「ダメだと思われてる?」と人の評価も気になり、そのままの自分が出せなかったり、いい人でいようとがんばって疲れたり。自分で自分が認められず愛せないために、人に対しても、やさしくなれないこともあるでしょう。

こんな悪影響が出てくると、さらに自己嫌悪が増して自暴自棄になっていきます。

もし、自己嫌悪を感じてしまったら、「それも自分。しようがない」と開き直るしかありません。

たとえば、大きな失敗や失言をして迷惑をかけてしまったとき、「あちゃー、やっちゃった」と思っても、そこで「私ってダメね」と自分を責めるのをストップして、「済んだことは仕方ない」「なるようになる」と胸を張って、前に進むことにフォーカス。過ぎてしまったことを、あれこれ考えてもなにも変わりませんし。自分の身体的特徴や性格も、「それも自分」だと開き直るしかない。可能であれば、変えていけばいいこと。

完ぺきじゃない自分も「これでいいのだ」と認めてあげることです。完ぺきな人なんていない。ちょっと足りない部分があるから人間的だし、愛される、ということもあるのです。

自己嫌悪の整理が上手な人は、「こんな私だけど、いいところもあるのよ」「今回はミスったけど、これからはよくなる」と、どこかで自分を信頼しているから。

自己嫌悪と付き合っていくには、自分のいいところも悪いところもひっくるめて、自分を受け入れる〝潔《いさぎよ》さ〟と、自分への〝信頼〟が必要なのです。

73 自分への期待を高めすぎない。

以前いた会社に、Kさんという新人が入ってきました。

やる気があって、仕事の呑《の》み込みが早く、1年目で社内2位の営業成績を上げて表彰され、「大型新人」と呼ばれるほど期待がかかっていました。

ところが2年目、スランプに陥って、営業成績は全体の平均以下。

Kさんは落ち込み、みんなの引きとめる声も聞かず、ついには退職していきました。

「私には、この仕事は向いていません」と言って。会社の期待というよりも、そこから描いた自分への期待に応《こた》えられない自分が許せなかったのでしょう。

全力疾走しすぎて、失速してしまうことはよくあることです。壁に突き当たってうまくいかないときは、自分の実力を潔く認めるとき。「1年目はたまたま運がよくていい成績だったけれど、これが自分の実力。でも、あれだけの成績を出せたんだから、いつかまた、そうなる日がくるかもしれない」と、そんな自分も受け入れられたら、また立ち上がって進んでいけたかもしれません。

目標を高くもつのはすばらしいことですが、自分への期待が高すぎたり、「〜でなければ」「〜であるべき」と理想の枠をつくってしまったりすると、できなかったときに、自己嫌悪に陥ってしまいます。志だけは高くもちつつ、足元を見ながら「もうちょっといけそう。やれるところまでやってみよう」と、少しずつ、進んでいけばいいのです。

目指すところは、パーフェクトではなく、自分自身のベスト。**人生、いいこともあれば、悪いこともあります。**

「私ってすごい！」と思うこともあれば、「ちょっとまずかったなぁ」ということも。

よくないときは、「ま、そのうち、いいこともある」と希望をもてます。

反対に、いいことが続いたときは、「調子に乗っていると、落とし穴がある」と気をつけるし、ちょっとしたつまずきも、「こういうこともある」と考えて立て直せます。いい天気のときも、雨のときもあるように。

そして、結果に対しては、「私は、つねにベストな選択をしてきた」と思うこと。

たとえ、さぼっていたとしても、ミスしても、その時点では、〝ベストな選択〟。なるようにしかなっていないはず。人がなんと言おうと、自分だけは、「これでよし！」と自分を受け入れて。

「私は、大したものではない」けれど、「私も、捨てたもんじゃない」と、そこそこの謙虚さと、そこそこの自己愛をもつことです。

74 コンプレックスを理由にしない。

ときどき、「私なんか、太ってるからそんな服着られないわ」とか、「私なんて頭悪いから、とてもそんなことできない」などと、卑屈な言い方をする人がいます。

「そうですね」と返したくても、おそらくだれもが「え〜、そんなことないよ」と言うでしょう。それが女性同士の礼儀というもの。

「私なんか……」をよく使う人は、自分の多少劣っている部分を「そんなことはない」と言ってもらいたい。そして、ちょっと安心したいという甘えもあります。

実は、この「私なんか……」という部分は、それほど気にしているものではなく、本当のコンプレックスは別にあるような気がします。本当に気にしている部分は、人前で言葉になんてできない。目を背《そむ》けたい。自分にすら隠してしまいたいと思うものではないでしょうか。

昔、指摘されて傷ついたり、そのためにうまくいかなかった経験があるのかもしれません。自信をもてない、積極的になれない、自分を好きになれない人もいるでしょう。

さて、この「にっくきコンプレックス」と、どうやって付き合っていくか。

ちょっと乱暴ですが、これも開き直るしかありません。「これが、私。悪くないでしょ」と受け入れることです。コンプレックスは、他人との比較や自己分析によって、「自分に欠けている」「自分が劣っている」と思う点ですが、これは自分から見た思い込み。

以前、結婚相談所で働いていたとき、結婚できない理由を「太っているから」「話が下手だから」などと言う人がいましたが、男性から見ると「暗いから」「価値観が合わないから」などという理由。コンプレックスは、結婚できない理由ではないのです。

人によっては、「太っているほうがいい」「話なんて下手でもいい」という人もいるんですから。うまくいかない理由をコンプレックスのせいにして逃げてはいけない。ほかに理由があるはずです。

欠点に固執《こしつ》するよりも、人が認めてくれる点、ほめてくれる点を大事にして、伸ばしていくほうが、魅力的になれるし、心も明るくなるはずです。

コンプレックスはひとつの個性。見方を変えたら長所になることもあるし、成長のバネになることも。おかげで、なにかを得られたということもあります。「にっくきコンプレックス」ではなく、それも利用できる〝チャームポイント〟として付き合っていきましょう。

自分が生涯付き合うものは、とことん愛していきましょうよ。

75 どんどん失敗しよう。そして、学ぼう。

自己嫌悪に陥りやすい人は、とかく、ちょっと失敗すると、すぐに「私って、ダメね」と結論を出してしまうところがあります。人から「それじゃ、ダメじゃないか」と言われると、まるで全否定されたかのように落ち込んで、立ち直れなかったりします。

つまり、ちょっとの失敗や、ちょっと指摘されたことを重く受け止めるのです。

この傾向は、日本人に強いかもしれません。

私が、いくつかの国で暮らして感じたのは、打たれ強い女性が多いこと。

怒られても、けろりとしています。大学の研究発表で、散々いじめられ、白熱した議論をしても、そのあとは、「あー、楽しかった！」とすっきりした様子。

なにがちがうんだろう？　と考えて、わかったことがひとつあります。

彼女たちは、最初から「失敗すること」「打たれること」を想定していること。「できない自分」「未熟な自分」を公開し、自分でも受け入れていることです。「そりゃあ、だれでも失敗するから、なにか言われることもあるでしょう」と覚悟ができていて、「失敗＝ダメ」とは思わず、恥ずかしいことだとも思っていません。

私たち日本人は（全部ではありません）、「失敗したら、どうしよう」「失敗してしまった。ダメね」と考えて、「失敗しない自分」だけを認め、「失敗する自分」が認められない。人前で失敗するのは恥だという気持ちもあります。そのため、失敗を恐れて消極的になるし、失敗すると落ち込み、簡単にあきらめてしまうことが多いのです。

でも「失敗する自分」もいいじゃありませんか。失敗しなきゃわからないことばかり。

たとえば、なにかのスピーチをするとき、最初は緊張して声がうわずります。時間配分も構成もまるでダメ。でも、2回目は少しよくなります。3回、4回……と重ねるうちに、あまり緊張しなくなり、少しはマシなスピーチができているのを実感するはずです。

最初からうまくいく人なんて、ひと握り。ほとんどは失敗からうまくいく方法を見つけてきたのです。失敗するということは、成功に少しずつ近づいているということ。

なにかをつかんでいる人は、たくさんの失敗をしてきた人です。おそらく、いちばん失敗を多くした人が、いちばん成長し、成功しているのではないでしょうか。

他人は自分が思うほど気にしていません。「あー、やっちゃった。でも、ひとつ学んだ」と思って、やり続けることです。そこでやめなければ、失敗にはならないんですから。なにもやらないこと、すぐにやめることこそ、本当の失敗なのです。

76 自分の可能性は、信じた分だけ与えられる。

図々しいようですが、私は、本気で叶《かな》えたいと思ったことは、実現できると信じています。やり方さえわかれば、なんとかなるんじゃないかと。最初は途方もない野望に思えても、なんとかなってきたし、これからも実現していくでしょう。

……なんていうと、「あなたは、できるでしょうけど、私は無理よ」「そんなにうまくいくわけはない」などと、思ってしまう人はいませんか？

それって本当にもったいない。勝手に自分の可能性の枠を、自分の思い込みで決めつけて、「これが限界」とブレーキをかけているのです。

「私って、〜な人だから」「私は、〜は苦手だから」などと、頑《かたく》なに自分の性質を決めつけている人もいます。これも、もったいない。思い込みがなかったら、新しい自分を発見し、成長できるかもしれないのに。

人に対しての思い込みもやっかいです。「あの人は、自分のことしか考えていないのよ」なんて、勝手にレッテルを貼《は》ってしまうと、いつも悪意の感情で相手を見てしまうかもしれません。ひょっとしたら、いい人かもしれないのに。

私たちの可能性は、思い込みによって狭められています。

表面に出てきているのはほんの一部で、まだまだ奥深く、とてつもなく大きな力が眠っているはず。やり方次第では、それが引き出されることだってあるのです。

〝思い込み〟は、怒りや自己嫌悪などになって、感情の整理を阻害《そがい》します。極貧生活から起業し、年商数億円の会社社長になった友人がいます。現在は、月に2、3回しか出社しないプチリタイヤ生活を送り、海外を飛び回り、行くたびに「ここと仕事がしたい」と思ったら商談成立。とにかく、やりたいことは行動し、実現してしまう女性です。

彼女の成功の理由はいろいろあるでしょうが、いちばんは思い込みのなさ。もし、彼女に「私はお金には縁がない」「社長は、毎日会社に行ってだれ

より も働くもの」「外国語ができなければ海外で仕事はできない」などという思い込みがあったら、すべての行動にブレーキがかかっていたでしょう。彼女は、自分の願望や会社の未来予想図を大きな紙に描いて壁に貼っているとか。ヘンな思い込みはない代わりに、「ひょっとしたらいけるかも」という希望だけは信じて疑わないのです。

人や自分や世の中に対する思い込みの枠を全部とり払って、「ひょっとしたら……」と考えるほうが、ずっと楽しい。自己嫌悪の感情なんて、吹き飛ぶはずです。

77 自分を生かす環境は自分でつくる。

「私は、なにも取《と》り柄《え》がなくて、自分に自信がもてない」「私は会社で役に立っていないから、いなくても同じ」などと嘆く人がいます。

いくら「自分はなにもしなくても価値がある」「どんな自分でも愛するべ

きだ」と言っても、自分に〝無価値感〟をもっているときは、なかなかそうは思えないものです。

わかります。私も以前、そんな気持ちになったことがあります。「自分は自分」だとわかっていても、「私なんて……」がひょっこり現れる、寂しい自己嫌悪。

やはり、人には「やったことの実感が得られる場所」が必要なのです。私は、無価値感が、どれだけ自分を「惨めでかわいそうな人」にしてしまうか、自信をもてなくしてしまうかもわかっているので、なるべくそうならない道を選んできました。

具体的にいうと、まず、そこで「人がやらないことをやる」ということ。

たとえば、**みんなが嫌がっているような仕事を進んでやってみる**と、喜んでもらえます。会社のなかが暗い雰囲気だったら、あいさつだけは笑顔でやろうと心がけると、「いつも元気で、気持ちいいね」と言ってくれる人が現れます。

みんながやっていることをすると競争になりますが、人がしないことをすると、そこでの価値は高まります。

これは人に認めてもらいたいからやっている、というわけではないのです。幼いころ、朝早く、母に付き合って公園の草取りをしたり、花を植えたりしていたことがありました。だれも「すばらしいことをしましたね、ありがとう」と言ってくれるわけではないのに、公園で楽しく過ごす人を見て、すがすがしい気持ちになったものです。おそらく「私も役に立てた」という満足感が喜びになっていたのでしょう。

そして、「自分を大切にしてくれる人や場所を大切にする」ということも大事です。

どんな状況でも、気にかけてくれる人は現れるもの。そんな人に精一杯の恩を返したり、感謝を示したりすることで、自分も満たされていくのを感じます。しっくりいかない場所に固執するよりも、自分を歓迎してくれる場所を大事にして、そこでできることを考えたほうが、ずっと気分はいいものです。**自分の立場は自分でつくる**もの。

「自分にもできることがある」と思えるのって強い。そんな小さな満足を、ひとつひとつ積み上げていけば、自分への大きな信頼になっていきます。「自分は役に立たない」「認められない」と言うのは、やることをやってからでも遅くないでしょう？

78 やってみよう！ 自己嫌悪の感情の整理。

「あー。私ってどうしてこうなんだろう」と自己嫌悪に陥ってしまったら、すぐに切り替えることです。最初は難しくても、そのうち簡単に切り替えができるようになっていきます。「私もやれるじゃない」「私って偉い！」と思えるようにトレーニングして。

【正しい自己嫌悪の整理】

その1 開き直る（不完全主義になる）。

自分が許せないのは、理想の自分になれていないから。でも、この思考があるかぎり、すぐに自己嫌悪に陥る状況は出てきます。自分にも他人にも完全主義だと、イライラしてばかり。足りない自分も「いいじゃないか」と開き直り、どんな人をも認める「不完全主義」でいきましょう。自分を許せるようになったら、人も許せるようになるものです。

その2　**楽観的に、ダメな自分を笑ってしまう。**

自分を責め始めると、深刻に考えるようになります。この際、**ダメな自分を笑ってしまいましょう**。客観的に感じられて落ち着き、「愛されるべき自分」のような気がしてきます。

その3　**冷静になれたら、そこから学ぼう。**

成長しようとする気持ちがあれば、自己嫌悪に陥っている暇はありません。謙虚になって、なにかを学びましょう。自己嫌悪は「どうしたらうまくいくか」を考えて、自分を変えていくエネルギーになります。

〈自分を好きになる3つの小さな運動＋1〉

1．小さな約束。信頼できる人は、小さな約束も守ってくれる人。自分に対しても、その信頼関係をつくりましょう。ちょっとがんばったらできる程度の目標や習慣をつくり、達成してみること。

2. **「やればできるじゃない」という小さな自信を大切に。**
小さな感謝。習慣的に「ありがとう」をつぶやくようにすること。あたりまえの日常、周りの人のなにげない好意などに、感謝したり喜んだりできることこそ、すばらしい能力。自分や他人をほめることも、自分を好きになる効果大。

3. **小さな親切。**自分のためでなく、人のためになることをやると、「偉いぞ、私」という気分になれるもの。「情けは人のためならず」。いい気分になっただけでも儲《もう》けものですが、あとでひょっこり、その恩が返ってくることがあるもの。

4. **できるだけいい気分で過ごす。**怒ったり、嫉妬したり、寂しがったり……という負の感情から、「なんで怒ってしまったんだろう」というように自己嫌悪に陥ることが多いもの。いつもご機嫌な状態であれば、誇り高くいられるのです。

第六章

心の張りをなくさない女《ひと》

79 無気力を放置しない。

これまでいくつかの感情をとりあげましたが、感情のなかでも整理しにくいのが無気力です。無気力は、「なんとなくやる気が出ない」「気分が乗らない」「なにもする気になれない」など、意欲を失ってエネルギーが出てこない状態のこと。

よくあるのが五月病。４月にはやる気満々でスタートしたけれど、ゴールデンウィークが明けたあと、現実と理想のギャップ、適応できない焦《あせ》り、不安など、いろいろなストレスで陥《おちい》る無気力感。ほかにも、やり甲斐《がい》や心の支えになっていたものを失ったり、会社で非難されたり、目標が実現できなかったりしたのをきっかけに、やる気をなくしてしまうこともあります。

つまり、〝心の張り〟がなくなった状態なのです。これまで、なんらかのモチベーションをつくってくれるものに引っ張られて心がピンとしていたのに、それがなくなったり信じられなくなったりして、ふにゃふにゃとした心になっているのでしょう。

やっていることの意味が見出《みいだ》せず、感情が「イヤだ。やりたくない」と訴え、「やらなきゃいけないけれど、気持ちがついていかない」ということになります。

〝心の張り〟をとり戻す方法は、大きく分けて2つ。

1．再度、モチベーションのもとを見出す（目的意識・目標設定・達成したいことなど）。

2．とりあえず行動を起こして、感情をその気にさせる（やり始める・別のことをする）。

1は、「考え方」を変える方法。2は、「行動」を変える方法。

人と状況によってもちがうでしょうが、私は「行動するしかない」派です。そして、「動きながら、考える」ということをします。つまり、2をやりながら1をやる方法。

放置していても、無気力の感情はなかなか変わってくれない。感情が変わるのを待って動くより、えいっとばかりに動いているうちに、感情は整理されてくるものです。

朝、出かけたくないと思っても、いつもより丁寧に化粧をし、おしゃれをしてみる。すると、「ちょっと行ってこよう」と気分も変わり、人と話すとさらに元気になります。

仕事はいちばんやりやすいもの、もしくは、いちばん気になっているものから手をつけてみます。いつの間にか夢中になっていて、その日の仕事が終わるころには、「次は、これをやってみよう」と、やる気が回復しているものです。

1のモチベーションのもとになるものは、行動しているうちに、「そうだ。これがあったか」と、ひょっこり現れてくるものかもしれません。

80

仕事に対するやる気は、自分にしかつくれない。

なにかのアンケートで、仕事に対するやる気を起こさせてくれるものとして、「①達成感」「②人からの承認」「③仕事そのもの」という答えを見たことがありますが、多くの人は納得できる答えでしょう。逆に考えると、この3つを満たしてくれる状況を自分でつくってしまえばいいのです。感情を喜ばせることが、やる気、新しい行動につながります。

まずは「達成感」。「仕事の実感が得られない」という状況は、つらいものです。目標を達成していけばいいのですが、やる気がないときは目標設定さえも気が滅入《めい》ります。

まずは**目標を低いところに設定して、少しずつハードルを上げていく**といいでしょう。

最初は「これだけは最低限やろう」というもの。そして、「普通にやったらできる」「ちょっとがんばったらできる」というところまで。やり終えた日は、「よくやった」と自分になにかご褒美《ほうび》でもあげましょう。少し元気になったら、TO DOリストで「はい、ひとつ終わったー」と項目を消したり、進捗表《しんちょくひょう》や実績表を作って仕事の成果を確認したり、前の自分との成長を比べたりするのも、達成感、充実感があるものです。

次に「人からの承認」。やる気になるためには、ときには人の力を借りることも必要。たとえば、やった仕事がだれかの役に立って喜んでもらえると「また、がんばろう」という気になります。「自分のために」と考えるより、「人のために」と考えるほうが人は力がわいてくるもの。また、会社の人に認められて「よくやっている」などと言われたら、自分の価値が認められたようでうれしくなります。

まずは、自分から周りに声をかけたり、相談したり、人の仕事をほめたり。自分から働きかけることで、一目《いちもく》置いてもらう土壌もできていくでしょう。ただ、人の評価を期待しすぎると、「人が認めてくれないと、やる気になれない」ということになるので、おまけのボーナスぐらいに考えて。

最後は「仕事そのもの」。どんな仕事にも、必ず楽しめる要素があるもの。「やらなきゃ」と焦《あせ》るより、「楽しんでしまおう」という工夫も必要かもしれません。

ただ、これらのやる気は、一時的なモチベーションづくりにはなりますが、長期的に「自分はここでなにがしたいのか」「どんな生き方がしたいのか」という大きな目的意識がなければ、悪い状況になると、すぐに心の張りがなくなります。

仕事をする目的は、お金や自己実現、社会貢献などいろいろですが、人生の大きな視野で自分を見て、「〜のために、ここにいる」というはっきりした目的が、ひとつでもあれば強い。小さなことにとらわれず、前進していく力になるはずです。

81 マンネリが気持ちをむしばむ。

Oさんは、いまの仕事が7年目。毎日、同じことの繰り返しで、「もう、飽きちゃった」とつまらなそう。そこで、仕事はお金をもらう場と割り切って、やっているのはプライベートの充実。ヨガやダンスを習ったり、講演会やテーブルマナー講習に行ったり。終わったあとは趣味仲間と食事会をして、それなりに楽しい。婚活もしているけれどあまり成果が出ず。こんなときに趣味仲間が結婚すると、「結婚も大変そうよ」なんて素直に喜べず、「私、なにか満たされていないんだろうか。いや、十分幸せなはずなのに」と思うのです。

そうです。どれだけ趣味をいっぱいにしても、交友関係を楽しくしても、あまり成長が感じられないところでは、それほど大きな充実感は得られないのです。趣味のひとつをプロ級までとことん極める志があれば別ですが。楽しんでいるときはよくても、ふと「この先、どうなるんだろう」という不安も手伝って虚しさを感じることもあります。

こうした人は、動いているようでも「なにか刺激のある環境に行けば、なにかいいことがあるんじゃないか」と自分を変えてくれる〝なにか〟を求め、彷徨《さまよ》っている状態。まだ仕事を辞めないのはいいほうで、マンネリが続いて、プライベートに気持ちが向かない場合は、「仕事がつまらない」「転職したい」なんてこともあります。

でも、環境が変わったところで、マンネリになると、また「つまらない」

の繰り返し。

自分を変えていけるのは、自分の行動だけだと気づくことです。「仕事はしょせんマンネリ化するもの」とあきらめないで、自分なりに極めてみるといいでしょう。極めていこうとすると、まったく飽きません。効率化や改善をしようと思えば、まだまだやることはあるし、「もう少し、仕事をやらせてほしい」と上司に言えば、嫌な顔をする人はいないでしょう。「この会社で社長になってやる！」なんて無謀な夢でもいい。〝野望〟があると、とり組み方も変わってきます。

マンネリに甘んじている人には、「変わりたくない」という、変わることへの恐れがあります。変化にはリスクがつきもの。変わらないでいれば、ぬるま湯のなかで楽勝です。

でも、ぬるま湯は、そのままだと必ず冷めて、心地悪くなってきます。同じことを続けていれば、だんだん麻痺《まひ》してモチベーションが下がってくるのは必然。実は、変わらないでいることのほうが、よっぽど怖い。受け身ではなく、自分のほうから変わっていく姿勢が、マンネリを解消してくれるのです。

82 スランプをどうやって乗り切るか。

マンネリと同じく、スランプも気持ちが萎《な》えてくるものです。

私も、ときどきあります。原稿の執筆がまったく進まない状態(笑)。

これまでできていたことができなくなった、ミスが多くなった、成果や実績が出なくなった、というスランプは、ときどき起こるもの。スランプのときは、まるでトンネルのなかに迷い込んだような不安に陥ることもあります。

スランプを脱出する方法は、大きく分けて2つ。

1. 同じところでスランプが過ぎるのを静かに待つ。

2. あれこれ動いてスランプを乗り切る。

私は、マンネリのときは動きますが、スランプのときは静かにしています。ほとんど1です。

「人生、山あり谷あり。そのうち、よくなるでしょう」と思って、とりあえずパソコンに向かい、とりあえずなにかを書いていると、ふと「光が見えた」という瞬間がきます。静かに、そのときを待ちさえすればいいのです。「これまでできていたんだから、またできるときがくるだろう」という長い目で見る気持ちが、不安を和《やわ》らげてくれるのかもしれません。

2の方法をとり入れて、「もっと別のやり方があるんじゃないか」なんて考え出すと、ドツボにはまります。やるべきことが決まっていて、〝方法〟がわかっている場合は、悪あがきしても空回《からまわ》りし、ますます蟻地獄《ありじごく》にとり込まれることになります。

ただ、2のように、あれこれ動いてみてわかることがあるのも事実です。

私が、なにをやってもうまくいかない人生のスランプというべき時期にやったことは、バタバタもがくことでした。いろいろやってみる、ということ以外に光を見出す道はなかったのです。勉強しても頭に入ってこない、仕事などでがんばっても成果が上がらない、というときは、〝方法〟を変えてみる道もあります。結果的に前の方法に戻ったとしても、ベストな方法を見つけることができるでしょう。

また、**いったんそこから離れてみたり、休んでみたりする**のも、ときには効果があります。気分をリフレッシュしてやり始めると、悪い感情がない分、すんなりうまくいくことも。

私は、スランプでも時間に余裕のあるときは、仕事とは関係のない、ドキュメンタリーのテレビ番組を観たり、好きな作家の本を読んだりします。「いい仕事してるなぁ」と感動すると、仕事をする気にもなってくるものです。

83 「忙しい」と言う人ほど先延ばしグセがある。

かつて、小学生の姪《めい》が、お母さんに「宿題を早く済ませないと、寝る時間が短くなっちゃうでしょう」と怒られていました。

姪は「だって、やりたくないんだもん。やらなきゃいけないって、わかってるけど」。

大人になっても、こんなことはあるものです。難しいこと、面倒なことは、後回しにしたい。時間があるから放っておこう。どうせ、いつかしなきゃいけないんだし、と。

しかし、やるべきことから逃げているうちは「あー、まだあれが終わっていない」とどこかで気がかり。ギリギリになって重い腰を上げ、さらに大きくなったプレッシャーの下で時間に追われて作業をすることになり、ときには残業が続いたり休みを返上したりすることも。なんとか終わっても、「もう少し時間があれば、もっといいものができたのに」なんてことに。

逃げていても、なんにもいいことはない。なにより「やりたくない」「できていない」という悪感情が、終わるまで続くのです。さっさと片づけたら、すっきり解放されるのに。ラクなほうを選んでいるつもりが、結局、ずっと苦しむハメになります。

実は、「忙しい、忙しい」と言っている人は、その追いたてられる〝気分〟で忙しいと感じているもの。反対に、自分から攻めで仕事をしている人は、気持ちの余裕があるため、ハードスケジュールでも楽しみ、あまり苦痛に感じていません。

逃げると苦しい。**自分の意志でやろうとすると楽しい。**逃げるたびに余裕がなくなって、時間や気持ちの借金をしているようなものかもしれません。

さて、先のお母さんは、「宿題が終わってからテレビを観たほうが、気持ちいいわよ」と言って、姪にストップウォッチを渡していました。「1時間以内に宿題が終わるか、チャレンジしてみよう！」と。

これが案外、うまくいき、それから毎日、姪は時間を決めて宿題をするようになりました。

先にやったほうが宿題をやるのも楽しいし、遊ぶのも楽しいとわかったのでしょう。

それでも「わかっちゃいるけど、できない」という人は、やるべきことを「好き嫌い」でなく「優先順位」で選ぶクセをつけたらいいでしょう。

そして、軽く考えること。先延ばしグセがある人は、「大変だー」「面倒だー」と難しく考える傾向にあるようです。「カンタン、カンタン。とっととやっちゃおう」「ちょっとだけやろう」と言ってみるのも、案外、効果的です。「まずは10分やる」「今日はこれだけやる」など、軽いところからスタート。余計なことを考えずに、〝まず一歩〟を踏み出しましょう。

84 「好き」を多くすると、やる気は出てくる。

仕事でなんらかの大きな実績を上げたり、人に評価されたりしている人は、２通り。

●好きなことをやっている人。
●たまたま出合った仕事を、好きになっている人。

仕事は、好き嫌いなくするものですが、やはり、「好き」に向かうエネルギーは、強い。嫌いなものに対しては、どんなにがんばっても、本当のやる気にはならないのです。好きなことはやっていて楽しいし、夢中になるから成長します。どれだけやっても疲れないから長続きもします。「やる気を出そう」なんて力まなくても、やりたいことには、自然にやる気がわいてくるのです。

と、ここまで読んで「そりゃあ、好きなことを仕事にできた人、たまたま仕事が好きになった人はラッキーだけど」と言う人もいるかもしれませんね。

そう。好きなことができる人は〝幸運〟です。

ただ、私が「たまたま出合った仕事を、好きになっている人」を見て思うのは、「この人たちは、ほかの仕事でも好きになっているんじゃないか」ということ。つまり、「好きになる能力」があるかないかの問題。この能力があれば、自分で幸運をつくり出せるのです。

ちょっと飛躍するようですが、これは昔の結婚にも似ています。かつて、お見合い結婚が主流だった時期がありました。それほど恋愛の時期を経《へ》ずに、親や親戚の決めた結婚をしていた女性たちが多かったのです。でも、そんな女性たちが不幸だったかというと、そうではなく、夫を尊敬し、幸せな家庭を築いている人が多いものです。

それは「ここで生きていこう」という覚悟があったから。余計なことは考えず、その生活での「好き」や「楽しみ」を見出してきたのではないでしょうか。

仕事や生活のなかには、正直、好きな部分も、そうでない部分もあります。

感情の整理ができている人は、積極的に好きな部分を見つけることで、心に張りをつくっている人です。

感情の整理ができていない人は、好き嫌いが感情に流されるまま。自然に出てくる「好き」という感情は、一時的には効力を発揮しますが、そのうち必ずモチベーションが下がってきます。仕事でも生活でも、恋愛や結婚でも、**続けるためには、「好き」になる努力が必要**なのです。どんなものにも「好き」「楽しい」「おもしろい」「うれしい」「ありがたい」と思える要素があるはず。「好き」は意志でコントロールできるのです。

「好き」をどれだけ見つけるか、「好き」をどれだけ維持していくか、がやる気のカギです。

85 やってみよう！ 無気力の感情の整理。

今日はまったくやる気が出ないと、メールやネットを見たり、ルーティンワークをしたりするうちに時間が刻々と過ぎていく。このままでは仕事が終わらず、残業……。とならないために、いますぐ始めてしまいましょう。根本的な解決ではありませんが、とりあえず今日1日、目の前の仕事に集中する方法です。自分に合う方法を選んで。

【正しい無気力の整理】

その1 簡単な仕事から、始める。

まずは、好きなこと、得意なことでウォーミングアップしましょう。スタートしやすくなります。

その2 気になっている仕事から、手をつけるのもあり。

やれそうなら、気になっていることに手をつけたほうが、ほっとするもの。

5分でも10分でもいいからやってみて。始めてしまうと、だんだんその気に。

その3「今日は〜だけは終わらせる」と紙に書いて貼《は》る。

仕事が増えると、あれこれ手をつけてどれも終わってない状態に。優先するものを2、3書き出して目につく場所に貼り、集中。いまやらなくてもいいことは切り捨てて。

その4「今日は○時に仕事が終わって、ありがとう」と言ってみる。

仕事が予定時間に終わっているすがすがしい状態をイメージして、そうなったかのように「ありがとう!」と唱《とな》えてみましょう。馬鹿馬鹿しいようで、意外に効《き》くおまじない。

その5仕事ができる人、速い人を1日、真似《まね》てみる。

身の周りの人でもいいし、尊敬する人でもいい。「あの人なら、この仕事はあっという間に終わらせてしまうだろう」という人になりきって、1日過ごしてみましょう。

その6得意なことに苦手なことをサンドイッチ、プラス休憩。

難問にいつまでも引っかかっていると、時間がどんどん過ぎていきます。

壁にぶち当たったら得意なことで気分転換。キリのいいところで休憩も入れてリフレッシュして。

その7　体を動かす。声を出す。ほかにも……。

気分が沈んでいるときこそ、元気よく電話に出たり、体を動かしたりする作業を。**体と心はつながっている**もの。可能であれば笑ったり歌ったりするのも気分が高まります。気合いが入る音楽を、2、3もっておくのもいいでしょう。出勤前や休憩中に聴いて、パワーを吹き込んで。ほかにもアロマオイル、家族や恋人の写真、夢や目標がイメージできるものなど、モチベーションを上げてくれるものは、なんでも利用して。

86 自分のために、過去を否定しない。

だれだって「しまった……」と後悔することは、あるんじゃないでしょうか。

「バーゲンで衝動買いをして後悔」というのはまだいいほうで、「家づくりに失敗して後悔」なんていうのは、ちょっと大きい。ほかにも「会社を辞めなきゃよかった」「大学の学部選びをまちがえた」「あのときチャンスを逃した」という後悔、最近は「SNSで軽率なコメントをつぶやいてしまった」という後悔もあるかもしれません。

〝汚点〟というべき後悔があると、繰り返し反芻《はんすう》し、感情の整理がつかないままです。

後悔は一瞬だけにとどめて、気持ちを切り替え、引きずらないことが大事。

過去の後悔を整理する方法のひとつは、いまの状態をよしとして、過去はそれに至るプロセスだと思うこと。汚点も含めたすべての出来事のどれが欠けても、いまはない。どんなこともいまを構成する大事な要素になっているのです。

過去を否定しているかぎりは、いまも否定することになります。

いまを否定しているかぎりは、過去も否定することになります。いまの自分を「これでよし！」と肯定するためには、過去を肯定する必要があるのです。

とはいっても、いまが幸せで満足しているならいいけれど、なかなかそうは思えないという場合、過去に執着《しゅうちゃく》してしまうことはあるでしょう。

たとえば、いま、恋人がいて幸せいっぱいであれば、過去の手痛い失恋も、「あれがあったから、いまの私がある」と思えます。ところが、幸せを感じられない状態であれば、「あのときに彼に素直になっていたら、いまごろは……」なんて、過去に執着する人もいるかもしれません。

しかし、そんなときも、「すべては、これでよかった」のです。なぜなら、私たちの過去は、自分の意志だけで決まったのではなく、なるようにしかなっていないんですから。

そして、**いまの自分に100%満足していなくても、未来に期待することはできる**はず。「私はまだ発展途上だけれど、これからもっとよくなっていく」「これから、いいこともたくさんある」と未来を大切に考えられたら、過去への執着も薄らぎます。

過去がどうであろうと、「これからどうするか」が大事。

後悔の整理がつかないままでは、なかなか前に進むことができません。それでは、私たちのいちばん大切な、〝いま〟と〝未来〟を失ってしまうのです。

87 同じ過《あやま》ちを繰り返さない。

Mさんは、親から暴力を受けた経験から、自分の子どもには、絶対に暴力を振るわないと誓っていたそうです。

ところが、結婚して子どもができて数年後、子どもに対して怒りを堪《こら》えきれないことがあった拍子にバシッ。「なんてことをしてしまったんだ」と、大きく後悔します。「もう二度と、暴力は振るわない」と決めますが、数日後、再びバシッ。さらに深く後悔。でも、どれだけ後悔しても、また同じ過ちを繰り返してしまったそうです。

これは極端な例ですが、私たちのなかにも、ときどき起こるものです。

「遅刻をしないと宣言したのに、すぐに遅刻をしてしまう」

「お酒を飲みすぎないと誓ったのに、すぐに飲みすぎてしまう」

「怒らないと決めたのに、すぐに怒ってしまう」

そのたびに後悔し、後悔はどんどん大きくなるのに、さらに同じことを繰り返すという悪循環。執着すればするほど、それにとらわれて悪い状況は起きるのです。

私たちの行動のほとんどは、過去の経験に基づいて決定されています。意識してどうにかしようとする部分は4％、無意識にしている部分は96％というので、現在の意志よりも、過去の経験からくる無意識のほうが、いかに強いかということでしょう。

それだけ過去は、人を構成している大切な要素といえます。過去のよくない行動や感情を断ち切るためには、新しい自分の姿を徹底して思い続けること。「やればできるじゃないか、私」という小さな成功を精一杯、大事にして、それを少しずつ積み上げていくことしかないようです。

そして、**よくない過去にとらわれない**こと。「怒らないようにしよう」とどれだけ誓っても、すでに、そう考えた時点で、「怒る自分」のイメージが最初にインプットされ、「そうならないようにしよう」と考えているので、また怒ることになってしまいがちです。イメージするなら、「怒らない自分」ではなく、なにごとにも「ＯＫ！」と高らかに笑っている「大らかな自分」。理想のイメージを何度も描いて、その行動をとることでしょう。

プロのスポーツ選手は、試合でミスをしても、そのことはあまり考えず、すぐに明日の試合に頭を切り換えるようにするといいます。「どうしてこんなことに……」「あのときにこうしていれば」「またあんなことになったら」などと、済んだことにとらわれていると、さらに同じことを繰り返します。後悔が始まったら、すぐに明日の天気のことでも考えましょう。

88 罪悪感との付き合い方。

自分自身に対する過ちなら、自分でその責任を被《かぶ》ればいいけれど、相手がありり、人に迷惑をかけたり、傷つけてしまったりした場合、罪悪感を引きずる、ということがあります。

たとえば、自分が犯したミスのために、だれかが目的を叶《かな》えられなかったこと。恋愛で相手にひどいことをして、傷つけてしまったこと。友だちとケンカして和解できないまま、遠く離れたり死別してしまったこと。親の願いを叶えてあげられなかったこと。女性のなかには、出産や子どもへの罪の意識で、苦しんでいる人もいます。

この「罪悪感」ともいうべき感情は、自分で自分を裁判官のように裁き、「自分が悪い」と判定して生じるもの。苦しくてたまらないものです。

自分で自分を苦しめるばかりではなく、自分が幸せになってはいけないような気にもなってきます。

特に心やさしい人は、相手の心の痛みを、感じすぎるほど感じてしまうのでしょう。

仕事やなにかの事情で、子どもとなかなか一緒にいられない母親の多くは、子どもに対して罪悪感をもつといいます。なかには「自分のせいで、子どもに寂しい思いをさせてしまった」と、精一杯やさしくしたり、モノを買ってあげたりして、罪滅ぼしをしようとする母親もいます。

少し話はそれるようですが、東日本大震災が起こったあと、数カ月経《た》っても、多くの人が贅沢《ぜいたく》をしたり、楽しく過ごしたりすることに、罪の意識を覚えたようです。人は自分に直接、関係がなくても、人の痛みを感じると、自分が幸せになることにブロックをかけようとします。

では、この罪悪感をどう整理したらいいのでしょう。

許すしかありません。

自分で裁いているのですから、自分が許せないことはないでしょう。

どれだけ多くの人に非難されたとしても、自分は許していいのです。

特に、過去の後悔は、どうにもならないことが多いもの。いまから謝ったり償《つぐな》ったりできるなら、やったらいい。でも、なにもできないなら、どんな未熟な自分であっても受け入れて、「あのときはあの選択しかなかった」と思うよりほかありません。

もし、罪滅ぼしをしたいなら、別の形で人のためにできることを探してもいいでしょう。人が幸せになってくれて、自分も幸せになれるということもあります。

だれだって、自分の幸せを求めて生きています。
それでいいし、それしか道はないと思うのです。

89 過去の後悔に決着をつける。

以前、男友だちが「高卒だから、会社で出世できない」と言っていたことがありました。「いまから大学に行けば？」と言ったところ、「えー、ウソだろ。いまさら……」。でも、その彼は、会社員を続けながら、40代で大学に入学したのです。きっと「大学に行きたい」という気持ちが、ずっと心の奥にあったのでしょう。

まだ結論を出すのは遅くない。人生の一発逆転劇だってあるかもしれない。

ほかにも「昔、ピアノを習いたかった」と50代でレッスンを始めて、ミニコンサートをするようになった人、「家具を作りたかった」と60歳になって家具作りを始めた人もいます。

なかには、「やっぱり、彼とヨリを戻したい」と5年以上前に付き合っていた彼のところに告白しに行って、玉砕《ぎょくさい》した人もいますが、アタックしたことで気が済んだようです。

よく、**やって失敗した後悔よりも、やらなかった後悔のほうが大きい**といいます。あきらめきれない思い、くすぶっている思いがあれば、まだ決着がついていないということ。じっくり向き合って、「本当のところ、どうしたいの？」と自分自身に何度も問いかけてみるといいでしょう。

ときどき過去の後悔に対して、「あれをやっていても、どうせうまくいかなかった」「いまよりもっと悪いことになっていた」と、自分の選択を正当化している人もいます。

これは、イソップの「すっぱい葡萄《ぶどう》」の話と同じで、手に入れたくてたまらないのに、手が届かないのが悔しいため、「ふん。どうせあの葡萄はすっぱくてまずい。食べてなんかやるもんか」と事実を認めないこと。つまり、負け惜しみです。ときにこの論理は、自分を惨《みじ》めにする後悔から救ってくれますが、現実を直視していないことにもなります。

自分が手に入れられるかどうかにかかわらず、「いいものはいい」「よくないものはよくない」と認められる潔《いさぎよ》さがないと、自分の幸せは実現できず、成長もないでしょう。

「すっぱい葡萄」とは少しちがうのですが、女性同士の会話で「あのとき、彼と結婚していたら、いまごろ海外駐在員夫人よ」とか「前の会社を辞めなかったら、いまごろ年収〇〇〇万円」などと記憶が美化され、〝過去の栄光〟になっていることがあります。それほど罪なことではありませんが、頻《ひん》度《ど》が高くなると過去に逃避していることになり、周りから「結局、いまでしょう！」と心のなかで突っ込まれることにも。

過去の記憶というものは、自分の感情の都合で勝手によくなったり悪くなったり、大きく膨らんだりするものかもしれません。

90 後悔は、感謝と学びに置き換える。

過去の後悔は、必ず、教訓に置き換えられます。

たとえば、私が軽く後悔したことのひとつに、高校1年生のとき、女子がほとんどいないという理由で、社会の選択科目に地理ではなく、日本史を選んでしまったことがあります。数カ月は、「やっぱり、地理がよかった」と後悔していました。

そのときの教訓は、**「自分の意志に忠実に生きよう」**ということ。

最近、買ったばかりの自転車を、駅の駐輪場で盗まれてしまいました。鍵も二重にかけていたのに。そのときの教訓は、「用心には用心を」。

いま思えば、そんな後悔をしたことも、悪いことばかりではなかったといえます。

歴史は、大人になってから好きになって、高校時代の勉強が多少生かされているし、自転車を盗まれたことで、近所に知り合いの警察官ができて、心強くなっています。

まったく次元のちがう話ですが、友人のRさんはハードワーカーで、徹夜作業をしていたため父親の最期《さいご》に立ち会えず、ひどく後悔したといいます。

そのときに得た教訓は、「家族と自分の幸せのために生きる」。「親の死に目にも会えないなんて、なんのために仕事をしているんだろうって思ったの。父が命をかけて、人生でいちばん大事なことを教えてくれたような気がする。あのまま突き進んでいたら、いまもひどい生活をしていたでしょうね」とRさん。それからは仕事のやり方をがらりと変え、家族と自分の幸せを感じられる生活になったとか。

また別の友人Eさんは結婚していた当時、旅先で恋に落ち、「離婚してボクと結婚してくれ」と言われて、本当に離婚。しかし、それは結婚詐欺《さぎ》で財産も失うことに。

そのときの教訓は、「世の中には悪人もいる。人を見る目を養おう」。Eさんは、こんな経験はめったにできるもんじゃないと、本を書いたことで作家への道を切り開き、その後、心やさしいパートナーにも巡り会いました。

まさに、「転んでもタダじゃ起きない」の精神です。

Rさんも Eさんも、当初は後悔し、落ち込んだのでしょうが、なにかを学ぶことで、過去を受け入れるようになっていきました。

過去の事実は変えられませんが、自分の考え方と行動を変えることによって、過去の解釈は変わってきます。失ったことより得たことを見つけられるはずです。過去は後悔するものではなく、生かすもの。「ありがとう」と感謝できるときを待ちましょう。

91 やってみよう！ 後悔の感情の整理。

後悔することがあったら、ひとつ賢くなれたということ。この先、同じような状況になったとき、その過ちを二度と繰り返すことはないのですから。後悔を踏み台にしていくために、次の言葉を自分に対してつぶやいてみて。

【正しい後悔の整理】

その1　「済んでしまったことは、しようがない」

まずは、過去の事実を受け入れることから。目を背《そむ》けたくなるような事実かもしれませんが、それを肯定しないかぎり、あとからあとから後悔は追いかけてきます。

その2「どんな私でも許す！」

完ぺきな人なんていない。いい自分だけでなく、未熟であった自分も許しましょう。世界中の人が許さなくても、自分だけは自分の味方のつもりで。

その3「この経験を踏まえて、次はどうしたい？」

後悔した経験から、次のステップを考えましょう。なにかやれることがあるなら動いてもいいし、このまま進もう！　でもいい。納得する答えを自分自身で出すことが大事。

その4「いい教訓になった」

冷静になって反省することも必要です。この経験から学べることが必ずあるはず。その教訓を胸に、二度と同じ過ちを繰り返さないこと。それが過去への償いです。

その5「おかげで～できた」

過ちのなかにも、なにか得ることはあります。いまが落ち着いた状態で、現在を肯定できれば、過去も肯定できますが、そう思えないときは、そのときを待つこと。時間がかかっても、必ず「おかげで……」と思えるときは、やってきますから。

〈禁句！　過去への未練〉

1．「〜すればよかった」

いまさらどうにもならない後悔を口にすると、いまのツキにも見放されてしまいます。自分に対しても禁句ですが、他人にも「〜すればよかったのに」とは言わないこと。

2．「もし、〜していれば……」

ありもしないことを仮定して、あれこれ考えるのは、妄想《もうそう》と同じ。これまでの道のりは「なるようにしかなっていない」のです。自分のベストな選択と受け止めてあげましょう。過去にこだわっている人は、未来を失ってしまうのです。

92 不安の正体は「恐怖」。

人はどんなときに不安を感じるのでしょう。

この先、天災が起きないか。年金をもらえるか。試験に合格するか。今日の仕事はうまくいくか。5年後、仕事があるのか。結婚できるのか。ローンは払えるのか……。

人に対する不安もありますね。親に批判されるんじゃないか。夫はずっと自分を愛してくれるのか。子どもが非行に走らないか。上司がまた怒り出すんじゃないか……。

世の中が不景気で将来が不透明だったり、悪いことが続いたりすると、不安は大きくなるものです。「先が見えない」ということに関して、人は不安になるのかもしれません。

不安は、起きてもいないことを、あれこれ悪く想像するところから始まります。

それは自分の心がつくり出しているものであり、考えているだけでは現実は変わらない。頭では「考えてもしようがない」とわかっていても、心が怖がっていて、ほとんどは取り越し苦労をしているのです。

不安は、感情のエネルギーを消耗させ、怒りや自己嫌悪の感情まで引き起こします。

では、その不安は、世の中や人など自分以外のものに対する不安？

それとも、自分に対する不安？

「世の中に対する不安だ」と答える人もいるかもしれませんが、よく考えてほしいのです。「その悪い状態を乗り越えられない」と、自分を信頼できないからではありませんか？

もし、この先、どんな未来がやってきても、私はなんとかやっていけるだろうという気持ちがあれば、世の中に対する不安はなくなるはずです。

このように書くと、「自分はそんなに強くない」「そんな自信がないから不安なんだ」と言う人もいるかもしれません。

でも、自信なんてなくてもいいのです。

ただ、どんな現実がやってこようと、それを受け入れて生きていこうという覚悟さえあれば。

上手に生きられなくてもいいし、人からどう思われるかはわからない。それでも、やってくる現実に寄り添って生きていこうと思えば、不安はある程度、解消されます。

心配してもしなくても、未来はやってきます。自分以外のものに不安をもつかぎり、不安はいつまでもわいて、消えることはありません。

私たちが本当に恐れるべきは、将来ではなく、不安そのもの。

不安がって、前に進もうとする動きが止まることではないかと思うのです。

93 不安は現実になるという法則。

私たちの未来は、自分自身の想像通りになっています。着るもの、住む場所、食べるもの、行く場所、付き合う人、話す言葉、次の行動……、すべて自分で選んだこと。外的要因で、想像以外のことが起きることはあっても、自分自身のことに関しては、想像以外のものを選ぶことはありません。朝、出かけるとき、「なんでこんな信じられない服を着ているんだ！」ということはないし、住む家を選ぶとき、「なぜか山のなかでサバイバル生活をする家を選んでしまった」ということもない（それを望んでいた人なら別でしょうが）。

人は、どんなときも、自分の思った通りのことしかしないし、現実は、ちゃんと、自分が想像するところに、ぴったりと落ち着いています。

では、これが、あまりよくない想像だったら、どうでしょう。

「私は、稼ぎもそこそこだろうし、魅力がないから人からも好かれない。私には運もないから、この先、なにが起きるか心配……」

そう思っていたら、自然に、それに相応《ふさわ》しい選択をするようになります。

夢や目標も「実現はムリ」と思っているかぎり、可能性はゼロ。

それでは、よくない想像の代わりに、楽観的な想像をしたらどうでしょう。

「ひょっとして、私でもがんばればできるんじゃないか。好きになってくれる人だっているはずだ。私は意外と運がいいところがあるから、夢もきっと叶うにちがいない」

その思いは、そうなるための選択を次々に後押ししてくれます。とことん楽観的に、未来の自分を描けばいいのです。あとは余計なことは考えず、**わくわくするほうへ、楽しいほうへと進んでいけば、大丈夫**。ベストな選択ができていくでしょう。

夢や目標を叶えるためには、思いの強さも大事ですが、心配しないことです。そして、色が見えるほど鮮明に、具体的にそのイメージを描き続けること。途中はいろいろと予定外のことが起こりますが、思い続けていると、不思議なほどぴったりとした光景が現れますから。

私が本を書くチャンスを得たとき、いつも想像していたのは、横浜駅地下街の書店のベストセラーコーナーに自分の本が並んでいて、仕事帰りの女性が真剣に立ち読みしている光景でした。そして半年後、それは現実のものとなったのです。

とことん楽観主義でいきましょう。疑わなければ、奇跡さえも起こせるはずです。

94 不安を利用しよう。

なにかと不安になることは、あまりいい結果をもたらしませんが、少しの不安は、私たちをサポートしてくれます。

なにかに挑戦するときは、不安もあるでしょう。実は、私もどちらかというと、心配性な一面があります。取材などで新しい国に行く前は、不安と期待が入り混じった気持ち。この不安を解消するために、とにかく準備をします。

情報をあれこれ集めて、「あそこの地域は危険だから、ひとりで行くのは避けたほうがいい」「困ったときは、○○に連絡すればいい」など、思いつくかぎりの「こんなときはどうする?」を考えて、手を打ちます。

そうすれば、出発するときは「さぁ、楽しんでこよう」とすっきりした気分。不安にならないためには、だれもが行くような観光スポットだけに行く道もあるのですが、それではつまらない。特別な挑戦をするためには、ある程度の不安は、その代償と考えて。

仕事でも、不安がわいてきたら、不安がなくなるところまでやってしまいます。

不安のおかげでがんばれている、成長できている、ということもあるかもしれません。

なにかの不安を感じたら、「さぁ、動け！」というメッセージ。

自分で解決できることであれば、不安の感情は動いて整理しましょう。

病気の予兆があるとき、仕事を探しているとき、旅行や出張の手配をするとき、仕事や生活のなかでなにか不安を感じたとき……。考えている間に行動しましょう。情報があれこれ集まって判断できるし、人に聞いているうちに、不安が解消されることもあります。

「先が見えない」ことでも、動くことで光が見えてくるもの。

一方、不安が整理できない人は、なにもせずにじっとしているから、不安だけがどんどん募《つの》っていくのです。

ただし、行動をして「やれることはやった」と思えればいいのでしょうが、「十分、やれていない」「やり残している」ということから、不安になることもあります。

そのときも、「自分がやれることはやった」でいいのです。

やり残したことがあっても、自分なりにやったのだから、いまの時点はそれで十分。あとは、この状態でベストを尽くすのみです。頭を切り替えて気分よくいきましょう。

いまを気分よく過ごすのが、なにより大事。

不安に、とりこまれちゃいけない。積極的に利用させてもらいましょう。

95 焦りは禁物。

焦りは、不安の感情にさらに切迫したプレッシャーが覆《おお》いかぶさった感情でしょうか。

「焦りは禁物」というように、焦って、うまくいった試しがありません。

焦りのプレッシャーは「〜しなきゃダメよ。ほら、早くー」と気をせかします。

このザワザワとした焦りにとりつかれて、感情が整理できていないと、余裕がなくなり、思考が鈍り、行動も鈍り、自分の通常以下のパフォーマンスしか発揮できないはずです。

まず、**焦りの理由として、時間的なプレッシャーがあります**。生活や仕事のなかで、あと少ししか時間がないのに終わっていない、という状況。

こうなる前に手を打てばいいのですが、焦る段階になってしまったら、まずは目をつぶり、深呼吸をするなどして、気分を落ち着かせましょう。あとは、シンプルに「いまやるべきこと」にフォーカスして、できるだけ平常心で前に進むだけ。

終わらない可能性があるものは、早く、うまくやろうとせず、「質は妥協して、とりあえず、終わらせよう」「いまは、ここだけやろう」とハードルを下げるのも手。こんなときこそ、人の手を借りることも必要。やりきるためのベストな作戦を考えて。

また、あれもこれもと複数の心配事が重なって、パニックになっていることもあります。そのときも、まずは深呼吸。大事なのは冷静に状況を把握して「優先順位」を決め、上からひとつずつ実行していくこと。いま、しなくてもいいことや、案外すんなりできることがあるかもしれません。**優先順位がはっきりすれば、余計なことは考えなくなります。**どれだけ考えても、いまやれることはひとつずつしかないのです。

さて、焦りの理由のもうひとつに、他者との比較があります。

「友だちがみんな結婚してしまうけど、私は……」「30歳でフリーターの私は……」「なかなか言葉を話さない、うちの子は……」など、「私だけ……」という焦り。

なかには、メディアや周りの空気にあおられて、「みんなが持っているから、私も買わなきゃ」「みんながやっているから、私もしなきゃ」と焦ることもあるかもしれません。

この「～しなければならない」というプレッシャーは、自分で自分に与えているにすぎないのです。だれが私たちにそんな命令を下したというのでしょう。

自分を世間の型に当てはめず、主体的に考えないかぎりは、世間と自分とのギャップで、一生焦り続けることになります。情報は聞いたとしても判断材料のひとつ。「これが私」と、マイペースと自分なりの方法で、ご機嫌にいこうではありませんか。

96 敏感になりすぎると、不安になる。

以前、働いていた職場に、Nさんという営業ウーマンがいました。彼女のすごいところは、何度断られても、何度でも行くところ。「ぜったいに、お役に立ちます!」と言い続け、最終的にはお客様も根負けして、契約書にサインをするのです。

私は、当初、同じように営業をしていたのですが、てんでうまくいかない。

理由は、営業に行ったときのお客様の嫌そうな表情や、上から目線の態度を非常に敏感に感じとって、「もう、あそこには二度と行きたくない」と、気持ちが萎えてしまったからです。

Nさんは、鈍感だったのではなく、鈍感なフリをしていたのでしょう。

前に進むためには、あえて鈍感になることも必要なのだと感じます。

もちろん、生活や仕事のなかでは、人の気持ちや社会の状況に敏感になることは大切。でも、多くの情報を感じすぎると、進んでいく力が鈍ってしまうのです。「鈍感になる」というのは、「これは私の考えの及ぶところではない」「考えてもしょうがない」など、必要でないことをばっさりと切り捨ててしまうこと。細かいことは気にしないことです。

たとえば、中間管理職としての仕事をするときは、上からの指示と、下からの訴えの板挟みでつらいものです。相手の気持ちに寄り添おうとすると、言っていることがその都度ブレて、どちらの信頼も損なうことになります。方針が決まっているなら、周りのごちゃごちゃした意見は聞き流して、明るく「これでいきましょう」と貫くしかありません。

人のうわさ話、自分への非難や嫉妬《しっと》にも、鈍感になったほうが身のため。真摯《しんし》に反省しよう、受け止めようとしても、やる気が打ち砕かれたり、自信をなくしたり、人間関係が壊れたり……と、マイナスのことのほうがずっと多くて身がもたない。「見ざる・言わざる・聞かざる」でやり過ごすか、悪質な嫉妬に対しては、「そんなに私のことがうらやましいのね」と放っておけばいいのです。先のこと、周りの状況を考えすぎてしまうときは、「私はもう考えないことにした」と自分自身に高らかに宣言しましょう。

感情の整理のうまい人の特徴は、自分に必要な情報と、必要でない情報を分けて、選んでいるところ。だから、自分の目的や目標を達成していきます。

感情の整理ができていない人の特徴は、どんな情報も、まっすぐに受け止めてしまうところです。そして、オロオロして、不安がってしまう……。

最初は「そうはいっても難しい」と思うかもしれませんが、必要でないことは「受け流す」「やり過ごす」という行動は訓練できます。したたかに、たくましくいきましょうよ。

97 流れに身を任せてみよう。

「こんなことがしたい」「こんなふうになりたい」と、自分の人生に計画性をもち、実現しようと思うことは大事ですが、それでも、必ず、自分だけの力ではコントロールできず、うまくいかないことがやってきます。

それでも、「これじゃなきゃ嫌」「どうしても、こうなりたい」と固執《こしつ》し抵抗していると、現実との摩擦で、不安や怒り、自己嫌悪、悲しみなどの感情にとらわれることになります。

感情の整理ができない人は、「こうあらねばならない」「どうにかしなきゃいけない」と、自分の思い込みで突き進もうするため、傷を負いやすいのです。

そうならないためには、白黒はっきりさせるよりも、中途半端でグレーな現実も柔軟に受け入れること。**流れに身を任せてみる**ことです。

思い通りの人生をつくろうとして、「こんなはずじゃなかった」と不満をもつより、「予定とは少しちがうけれど、これもありうる」と受け入れ、目の前のことに取り組んでいるうちに、おのずと道は開けてきます。

感情を整理している人は、「それもいいんじゃない」と、偶然を楽しんでいます。ひょっこりやってきた〝ひょんな波〟に乗っている人たちです。

たとえば、社内で企画を募集していたり、新しいプロジェクトに声をかけられたり、生活のなかで、ふとなにかに出合ったり、ある情報を聞いたり、友だちから誘われたり。チャンスの波は無数にやってきます。自分がインスピレーションを感じた波に、自分の意志で「それならできる！」「やってみたい！」とすぐに飛び乗ってみると、まるで後押しをされているように、うまくいくことがあります。

考えすぎていると、あっという間に波は去っていき、「あれをやっておけばよかった」と後悔することも。

「こうでなければ」と自分を理想の枠に当てはめようとすると、つらくなってくるし、チャンスもつかめません。

多少予定とちがう現実でも、受け入れてみましょう。「これから、自分はどうなっていくんだろう」と**偶然の波を楽しみながら、「いま」を重ねていきましょう**よ。

足元にある幸せに目を向ける。いまやることに集中する。目の前のことを楽しむ……。いまをご機嫌に充実して過ごせていたら、いまの積み重ねである未来は、必ず、いい状態でやってきますから。未来のことをむやみに心配する必要はないのです。

98 やってみよう！ 不安の感情の整理。

目の前の仕事の不安、人間関係の不安、新しいことに挑戦する不安、将来への漠然《ばくぜん》とした不安など、もし不安を感じてしまったら、次の言葉をつぶやいてみて。

全部はなくならないにしても、不安を小さくすることはできるはずです。

【不安を小さくする言葉】

その1　**「その不安は、解決できる？」**

まずは、不安をふたつに分けましょう。「すぐに解決できる問題」と「すぐには解決できない問題」に。解決できることなら動くこと。解決できない問題なら放置すること。

その2　**「いまできることは？」**

解決できる不安なら、それに対してできるかぎりの対策をあげて、スケジュールに落とし込んで実行。「やれることはすべてやった」という段階までやってみましょう。

その3　**「心配しても、いいことはない」**

手を打つことがない不安なら、それがなにも生まない、むしろ悪影響だということを自分にわからせましょう。穏やかに諭《さと》すことです。

その4　**「〜だけは、やろう」**

うまくやろう、早くやろうとすると、不安になるもの。やるべきことを一点だけに絞ったり、「とりあえず終わらせよう」と考えたり、目指す目標からハードルを下げて。

その5　**「なんとかなるさ」**

気持ちを大きくもって、「これでいいのだ」と気持ちを切り替えて進みましょう。なんとかならないことなんて、ありませんから。

その6　**「今日の晩ご飯、なににしよう」**

不安が続いているようなら、5分だけ考える、など時間を区切って。あとは、別のことを意識的に考えましょう。動いたり、場所を変えたりすることで、気持ちも切り替わります。

〈禁句！　未来への不安〉

「もし、〜になったらどうしよう」

ときどき、先のことを「どうしよう、どうしよう」と口グセのように言っている人もいますが、あまり言いすぎると、自分でも不安をあおり、周りも心配してくれなくなるもの。悪い想像をすると、現実になってしまうのでオフ。代わりに、いちばんいい状態のイメージを上書きして、やってくる未来を歓迎しましょう。

おわりに

「短気は損気」とは、よく言ったものです。

たとえば、売り言葉に買い言葉で返すと、いくらかすっきりするのは、ほんの一瞬。相手の曇った顔に、すぐに不安がよぎり、「あーあ、短気を起こすんじゃなかった」と激しく後悔したり、「恥ずかしい振る舞いをしてしまった」と自己嫌悪に陥《おちい》ったり。

親しい関係であれば、「イヤなことを言って、傷つけてしまったかも……」とクヨクヨ思い悩むこともあるでしょう。

後先考えずに感情的に反発して、仕事や人間関係がうまくいかなくなったり、信頼を失ったりするのは、よくある話。

なにより、怒りを向けた相手や周囲に「この人、都合が悪くなるとキレちゃう人なんだ」と見なされたら、評価はガクンと落ち、付き合いもギクシャクするようになるはずです。

だれだって、怒りっぽい人とは、付き合いたくないのです。

ほとんどの場合、短気は損することしかない、といってもいいでしょう。もちろん、人間である以上、当然、怒りを覚えること、どうしようもなくイライラすることはあります。

でも、どんな状況であっても、感情の整理はできるのです。

新しい気持ちを〝上書き〟して目の前の現実を受け入れていくこと。明るい光を見つけて、それを感じたり目指したりしながら、微笑《ほほえ》んで歩いていくこと。負の感情からなにかの教訓を得て、エネルギーに変えていくことも可能です。それこそが「簡単には不幸にならない」という、人としてのプライドなのかもしれません。

「悲観主義は気分に属し、楽観主義は意志に属する」という言葉があります。「自分の意志」をどのレベルにもっていくかで、どんな感情で現実を受け止め、どんな気分で毎日を過ごすかが決まってきます。

毎日、怒っている人は、無意識に「怒る自分」でいいと思っているから怒りを表し、いつまでも落ち込んでいる人は、「落ち込んだ自分」でいいと思っているから、落ち込んだままです。

なかなか悲観的な感情から抜け出すことができません。

ベースに、「こんなことでは、つまずかない」「すぐに元気になるから大丈夫」……と、楽観的に生きようとする意志と、自分への信頼があれば、言葉や行動はまったく別なものになり、喜びや楽しさを感じようとする「最高のあなた」がつくり出されていくでしょう。

あなたには、感情の整理をして、なりたい自分になれる力が備わっているのです。

そして最後に――。

怒ったり、泣いたり、落ち込んだりするのも、生きている証拠。わいてきた感情をなかったものにはできません。そこから立ち上がっていくこともまた、これからの生きる力になり、人生の深い物語をつくっていきます。

生きることへの喜びを感じながら、それもよしとして進んでいこうではありませんか。

感情の整理ができれば、あなたの人生は、きっとすばらしいものになるはずです。

著者紹介
有川真由美（ありかわ　まゆみ）
作家・写真家。鹿児島県姶良市出身。熊本県立熊本女子大学卒業。台湾國立高雄第一科技大学修士課程卒業。化粧品会社事務、塾講師、科学館コンパニオン、衣料品店店長、着物着付け講師、ブライダルコーディネーター、フリー情報誌編集者など多くの転職経験、マナー講習指導、新人教育の経験から、働く女性のアドバイザー的存在として書籍や雑誌などで執筆。内閣官房 すべての女性が輝く社会づくり推進室「暮らしの質」向上検討会委員(2014－2015年)。日本ペンクラブ会員。
著書に、『あたりまえだけどなかなかわからない 働く女《ひと》のルール』『働く女《ひと》！ 38才までにしておくべきこと』（以上、明日香出版社）、『遠回りがいちばん遠くまで行ける』（幻冬舎）、『旅するように生きてみたら』（毎日新聞出版）、『女子が毎日トクをする人間関係のキホン』『一緒にいると楽しい人、疲れる人』（以上、ＰＨＰ研究所）などがある。

本書は、2011年11月にＰＨＰ研究所から刊行された作品に、加筆・修正をいたしました。

ＰＨＰ文庫　感情の整理ができる女《ひと》は、うまくいく

2018年８月15日　第１版第１刷

著者　有川真由美
発行者　後藤淳一
発行所　株式会社ＰＨＰ研究所
東京本部　〒135-8137　江東区豊洲5-6-52
第二制作部文庫課　☎03-3520-9617（編集）
普及部　☎03-3520-9630（販売）
京都本部　〒601-8411　京都市南区西九条北ノ内町11

PHP INTERFACE　https://www.php.co.jp/

組版　株式会社PHPエディターズ・グループ
印刷所
製本所　図書印刷株式会社

ISBN978-4-569-76851-9

PHP文庫好評既刊

なぜかうまくいっている女《ひと》の心のもち方

有川真由美 著

50もの仕事に就いた経験のある著者が、職場でうまくいっている女性を徹底分析。苦しい仕事が明日から楽しくなるためのコツを紹介。

定価 本体五五二円（税別）